Fremdwörter
für Angeber

Gerald Drews

Fremdwörter
für Angeber

Weltbild

Verlagsgruppe Weltbild GmbH, Steinerne Furt, 86167 Augsburg
Umschlaggestaltung: Atelier Seidel, Teising
Umschlagmotiv: Stefan Albers/bildarchiv.kleinert.de
Gesamtherstellung: Bagel Roto-Offset GmbH & Co. KG,
Schleinitz
Printed in the EU
ISBN 978-3-8289-2228-0

2008 2007
Die letzte Jahreszahl gibt die aktuelle Lizenzausgabe an.

Inhalt

Vorwort

Wer heutzutage etwas auf sich hält, muß in Rätseln sprechen. Politiker, Journalisten, Mediziner, Techno-, Bürokraten und alle anderen selbst- und fremdernannten Experten haben einen Wall von Fremdwörtern und Behörden-Slang aufgebaut. Den kann der Normalsterbliche nur schwer durchbrechen. Wehren wir uns also dagegen, indem wir all diesen Dampfplauderern und -schreibern den Spiegel vorhalten!
Das richt'ge (Fremd-)Wort zur richt'gen Zeit – rum ist's mit der Verständlichkeit.
„Die Kunst, unverständlich zu sein, gilt als Gütesiegel eines erfolgreichen abgeschlossenen Studiums. Man darf getrost behaupten, daß, je bescheidener das Wissen eines fachhochschul-gebildeten Limonadechemikers ist, um so größer sein Bestreben sein wird, die Limonadechemie in den Rang eines Mysteriums für die gesamte Mitwelt zu erheben." So schreibt die *Frankfurter Allgemeine*, hinter der ja bekanntlich immer ein kluger Kopf steckt.
Nun, dieses Büchlein ersetzt keinen klugen Kopf, es ersetzt schon gleich gar kein Studium, nicht einmal das der Limonadologie. Es ist bestenfalls „humoris causa" – also als Lesespaß gedacht. Sollte allerdings aus Versehen das ein oder andere hineingerutscht sein, das für Sie lehrreich ist, würde ich mich freuen.
Jedem Hauptkapitel habe ich übrigens, gewissermaßen als Motto, ein garantiert fremdwortfreies deutsches Gedichtlein vorangesetzt, um zu zeigen, daß es auch anders geht. Sie wissen ja: *Wes des Herz voll ist, des geht der Mund über.*
Oder, um es ins Fremdwörtische zu übersetzen: *Kommt es zu einer Überfrequentierung eines lebenswichtigen Kreislauforgans, zeitigt dies auch Folgen für ein nicht weniger wichtiges Sinnesorgan.*

Augsburg, im Frühling 1991

Natur pur

Stiel- und andere Blüten

Auf dem See

Und frische Nahrung, neues Blut
saug ich aus freier Welt;
wie ist Natur so hold und gut,
die mich am Busen hält!

Johann Wolfgang von Goethe

*

Der Naturbegriff ist längst zu einer Floskel verkommen. Nachdem der Mensch es geschafft hat, seinen Planeten zuzubetonieren und mit einem lebensbedrohenden Arsenal an Waffen, Müllkippen und Kraftwerken zu versehen, nimmt er sehr gern Begriffe in den Mund, die an die Vorväter erinnern. Damals, als man noch felltragend und speerschwingend Bären jagte, damals war halt noch Natur. Da ließ sich alles auch noch ganz einfach ausdrücken. Heute braucht man viele (und unverständliche) Worte, um zu beschreiben, was nicht mehr ist.

*

Alternativ

(lateinisch: wahlweise)

Der alternative Lebensstil mag so schlecht nicht sein. Oft erkennt man ihn jedoch nur daran, daß seine Befürworter alles, was sie tun, in endlosen Vorträgen begründen und allen anderen damit fürchterlich auf den Nerv gehen. *Echte* Alternative haben jedenfalls in einem recht: Wir alle haben nur diese eine Welt und leider keine Alternative dazu. Nur behandeln wir sie leider so, als gäbe es eine zweite im Kofferraum.

Bio

(griechisch: Leben)

Gäbe es dieses Wort nicht – es müßte erfunden werden. Was täte die gesamte werbetreibende Industrie ohne Bio? Ob Bioformel oder biologisch abbaubar, ob Biokern oder Biobauer – es lebt sich gut von Bio. Selbst ein Showmaster ist sich nicht zu schade, seinen Nachnamen um die Hälfte zu verstümmeln, um sich den umweltfreundlichen Touch zu geben.

Biotop

(griechisch, lateinisch: gewachsener, lokal begrenzter Lebensraum für Tiere und Pflanzen)

Jeder bessere Reihenhausbesitzer hat heute ein Biotop – schon allein, um mit dem Quaken seiner Frösche den nachbarschaftlichen Frieden zu untergraben. Es genügt übrigens bereits, wenn Sie in diesem Jahr keine Lust haben, Ihren Rasen zu mähen: Das kniehohe Gras geht locker als Biotop durch.

Emission

(lateinisch: Aussendung)

Im Umweltbereich versteht man darunter den Ausstoß umweltgefährdender Stoffe, beispielsweise aus Industrieschornsteinen. Aber Emission klingt natürlich besser.

Bio

Evolution

(lateinisch: Entwicklung)

Dazu fällt mir in erster Linie der alte Witz ein: – „Papi, der Lehrer hat gesagt, der Mensch stammt vom Affen ab!“ – „Blödsinn! Du vielleicht, ich nicht!“

Kökkenmöddinger

(dänisch: Küchenabfall)

Jeder hat einen, aber Sie (und all die anderen hunderttausend Leser meines Buches) sind der einzige, der ihn Kökkenmöddinger nennt: seinen Abfallhaufen. Ganz präzise heißen so die Müllberge, die dänische Steinzeitmenschen in der Nähe des Strandes zurückgelassen haben. Sie bestehen aus Muschelresten, leeren Schneckenhäuschen und Asche – sind also im Vergleich zu heute überaus umweltfreundlich. Siehe auch: Multi.

Multi

(lateinisch: viel)

Der Multi-Vitamin-Saft hat viele Vitamine, der Öl-Multi hat viel Öl, der Multi-Millionär viel Geld. Daß die „Multis“ an sich keinen guten Ruf haben, liegt daran, daß sie viel kaputtmachen, um viel einzusacken. Vor allem die Natur leidet multi darunter: multi Umweltverschmutzung und multi Ausbeutung. Zum Glück kriegen wir jetzt die Multi-Tonne vor unser Haus gestellt, damit die Müllberge etwas niedriger werden. Denn leider ist auch der Müll multi.

Öko

(griechisch, lateinisch: umweltmäßig)

Rousseaus „Zurück zur Natur“ auf drei Buchstaben gebracht. Mit „Öko“ läßt sich heutzutage alles verkaufen. Diese drei Buchstaben haben genauso Inflation wie das artverwandte *Bio* (siehe dort). Mit *Öko* verbinde ich persönlich Gesundheitslatschen, „Jute statt Plastik" und auf unangenehme Weise Herrschaften, die mir mit großem Fanatismus klarmachen wollen, daß früher alles viel besser war, als die Leute den Inhalt ihrer Nachttöpfe noch aus dem Fenster kippten.

Recycling

(englisch: die Wiederverwertbarkeit von Abfall)

Heutzutage wird ja fast alles recycelt. Das ist im Prinzip gut so. Aber der Schlagertext „Tu doch meine Asche in die Eieruhr!" geht denn doch ein bißchen zu weit, finde ich. Irgendwann muß Schluß sein mit der Arbeiterei!

Struktur

(lateinisch: innere Gliederung)

Nun gibt es diese unsere Menschheit doch schon wirklich ganz schön lange! Aber haben Sie nicht auch manchmal den Verdacht, daß es uns noch immer nicht gelungen ist, hinter die wahre Struktur der Welt, auf der wir leben, zu kommen? Manchmal erscheint es mir, als sitze der Schöpfer des großen Ganzen hinter einem Busch und kichert in sich hinein, wenn er sieht, wie dämlich wir uns anstellen, um mit diesem großen Ganzen umzugehen. Ob er nun aus Schadenfreude kichert oder aus Verzweiflung, überlasse ich Ihrer persönlichen Einstellung.

Woher der Wind weht

Eine kleine Wetterkunde

Taifune, Tornados oder Blizzarde sind Ihnen sicher geläufig. Aber von manchen Winden weiß kaum jemand, woher sie wehen, geschweige denn, wie sie heißen. So ist die *Bora* ein kalter Fallwind an der Adria. *Breva* heißt der Tagwind, *Tivano* der Nachtwind am Comer See. *Buran* oder *Purga* sind Schneestürme in Sibirien. Der heiße Wüstenwind in Ägypten wird *Chamsin* oder *Samum* genannt. Weht es trocken im östlichen Mittelmeer, spricht man vom *Etesien*. Vom *Harmattan* ist die Rede, wenn der heiße Wüstenwind von der Sahara zur Guineaküste sein Unwesen treibt. *Pampero* ist der Name für einen kalten Südwind in Argentinien. Bläst es in Südrußland heiß und trocken, handelt es sich um den *Suchowej*, einen regelrechten Staubsturm. Ein Wirbelwind mit senkrechter Achse gilt als *Trombe* (auch bekannt als Sand-, Wasser- oder Windhose). Wenn der Wind in der Schweiz von Südosten weht, sprechen die Eidgenossen vom *Vaudaire*, kommt er von Südwesten, vom *Vent*. Der *Zephir* schließlich ist ein feuchtwarmer Westwind im Mittelmeerraum.

Urbi et Orbi

Von Stadt und Land, von Land und Leuten

Landschaftsschändung

Eben war die Landschaft noch so stumm.
Und der Wiesenteppich war so samten.
Und schon trampeln diese gottverdammten
Menschen wie in Sauerkraut herum.

Erich Kästner, Misantrophologie

*

Wenn einer eine Reise tut, so kann er was erzählen. Logisch, daß alles, was im Ausland in den Mund genommen wird, Fremdsprache ist. Deshalb wäre ein kleines Lexikon, wie in den anderen Kapiteln, auf den folgenden Seiten vielleicht nicht ganz das Richtige. Aber keine Angst – Fremdwörter gibt's auch hier zuhauf. Sogar ein paar besonders schwierige.

*

Von langen und kurzen Orten

Taumatawhakatangihangakouaotamateaturipuk-akapikimaungahoronukupokaiwhenuakitanatahu
(maori: Der Felsgipfel, wo Tamatea, der Mann mit dem dicken Knie, der die Berge hinunterrutschte, hinaufkletterte und verschlang, bekannt als der Landfresser, seiner Geliebten auf der Flöte vorspielte)

Dieses Wort mit seinen 83 Buchstaben sollten Sie unbedingt auswendig lernen! Denn es handelt sich hier um den längsten Ortsnamen der Welt – er gehört einem 271 Meter hohen Hügel auf der Nordinsel von Neuseeland.

Sollte Ihnen das zu schwierig sein, wie wäre es mit dem zweitlängsten:

Llanfairpwllgwyngyllgogerychwyrndrobwllllan-tysiliogogogoch
(walisisch: Marienkirche in einer Mulde weißer Haseln, in der Nähe eines schnellen Wirbels und in der Gegend der Thysiliokirche, die bei einer roten Höh liegt)

Dieses Dorf in Wales hat dann nur noch 58 Buchstaben.

Ist Ihnen dies immer noch zu lang, empfiehlt sich *Y* (französisch: dort)
So heißt ein kleines französisches Dorf an der Somme.

Die kürzeste deutsche Ortschaft nennt sich übrigens *Au*.
Sie ist gleich neunmal im Postleitzahlenbuch vertreten und wurde durch das schöne Volksliedlein bekannt: „Drunt' im schönen Au steht ein Birnbaum so blau, juhe!"

WIE KOMME ICH NACH TAUMATAWHAKA-TANGIHANGAKOUAOTAMATEA-TURIPUKAKAPIKIMAUNGAHOR-ONWHENUAKI-TANATAHU

Zitate im neuen Licht

Sie sollten den Rachenraum eines Reittieres, das Ihnen gratis zur Verfügung gestellt wurde, keinesfalls näher in Augenschein nehmen.
„Einem geschenkten Gaul schaut man nicht ins Maul."

Die Nachhut ist in ständiger Gefahr vor dem Angriff der das Anwesen hütenden Haustiere.
„Den letzten beißen die Hunde."

Der Erfolg weiblichen Federviehs bei der arttypischen Futtersuche ist nicht in jedem Fall abhängig vom Sehvermögen.
„Auch ein blindes Huhn findet manchmal ein Korn."

Erweist sich männliches Federvieh als erstaunlich schlank, beruht dies auf seiner übermäßigen Neigung zum weiblichen Geschlecht.
„Ein guter Hahn wird nicht fett."

Die Fähigkeit bestimmter Kernobstsorten, sich nach ihrer Reifung selbständig zu machen, ist eher gering.
„Der Apfel fällt nicht weit vom Stamm."

Die Intelligenz der Agraringenieure ist umgekehrt proportional zum Ernteertrag ihrer „Solanum Tuberosum" genannten Knollenfrüchte.
„Die dümmsten Bauern haben die größten Kartoffeln."

Der Himmelskörper, der unser Planetensystem bestimmt, kann im Grunde genommen niemals von Dingen berichten, die sich nicht schon irgendwann einmal ereignet hätten.
„Es gibt nichts Neues unter der Sonne."

Andere Länder – andere Namen

Reisen bildet

*

Daß *Nippon* der einheimische Name für Japan oder *Suomi* der für Finnland ist, weiß jedes Kind. Aber kennen Sie *Hebretesebawit Ityopya*? Oder *Al Mamlakah Al Maghrebijja*? Hier handelt es sich um Äthiopien beziehungsweise Marokko. Es empfiehlt sich für den Angeber par excellence, für seine nächste Auslandsreise die lokale Schreibweise bestimmter Länder zu verinnerlichen. Das putzt ungemein. Die folgende Tabelle hilft Ihnen dabei:

*

Albanien – Republika Popoulóre Socialiste e Shqipërisë
Bhutan – Druk-Yul
Birma – Pyi-Saung-Su Socialist Thammada Myanma Naingngan-Daw
China – Tschung-Hua Jen-Min Kung-Ho Kuo
Finnland – Suomen Tasavalta
Griechenland – Elleniki Dimokratia
Irland – Poblacht Na h'Éireann
Jemen – Al Dschumhurija al'Arabija al Jamanija
Jordanien – Al Mamlakah Al Haschimija Al Urdunijah
Lybien – Al-Jamahiriyah al-Arabiya Al-Libya Al-Shabiya Al-Ishtirakiya
Nordkorea – Tschosen mintscho tschuiinmin Konhwaguk
Norwegen – Kongeriket Norge
Saudi-Arabien – Al Mamlakah Al Arabija as Saudijja
Südkorea – Dähan-Minkuk
Thailand – Muang-T'hai
Tunesien – Al Dschumhurijja Attunisia
Vereinigte Arabische Republik – Alwelaiat Alarabijja Al-mothahida

Definitionssachen

Antilope:
Lope, die gegen alles ist

Automaten:
schmerzempfindliche Gartenfrüchte

Babylonien:
Land, aus dem die Störche die kleinen Kinder zu uns bringen

Beduine:
anderes Wort für Wüstling

Castrop Rauxel:
lateinischer Name von Wanne-Eickel

Delphine:
Bewohner der griechischen Stadt Delphi

Depesche:
geistig schwerfällige Baumart

Dogmatiker:
Experten in Sachen Hund

Kalifornien:
Heimat der Kalifen

Polente:
in kalten Regionen lebendes Federvieh

Eine Krusta aus dem Vitaminbasar ...

Absonderlichkeiten der ehemaligen DDR-Sprache

*

Mehr als vier Jahrzehnte lebten sie mehr schlecht als recht nebeneinanderher – die Bürger der BRD und der DDR. Kein Wunder, daß da auch die Sprache hüben wie drüben ihren eigenen Lauf nahm. Nach der Einheit Deutschlands werden sich die ehemaligen „Ossis" recht schnell an den westlichen Jargon gewöhnen – galt er doch seit jeher im gemeinen Volk als erstrebenswert. So mancher Begriff der ehemaligen DDR wird hingegen bald für immer verschwunden sein. Dies dünkt nicht unbedingt schade, wirft man einen Blick auf das Künstliche, das diesen Worten anhaftet. Die „offiziellen" Wortschöpfungen von „Aktivist" bis „Zentralkomitee" wollen wir uns deshalb an dieser Stelle schenken. Ein paar „DDR-Fremdwörter", die bei den „Wessis" kaum bekannt waren und sind, sollen jedoch hier für die Nachwelt festgehalten werden – zum Schmunzeln, aber auch zum Kopfschütteln.

*

Erdmöbel

Dies ist kein Wohnzimmerschrank für einen Maulwurf, sondern so hieß offiziell der Sarg. Eine PGH Erdmöbel war demnach eine Sargtischlerei (echt!). Man könnte sich auch das Erdmöbel-Grabgerät (den Spaten), den Erdmöbelgarten (den Friedhof) oder den Erdfeuerrestbehälter (die Urne) vorstellen.

Feierabendbrigade

Handwerker, die in ihrer Freizeit auf privaten Baustellen arbeiten. Solcherart könnte auch als „Schwarzarbeit" verstanden werden. Wenn das Ganze aber gleich in Brigadenstärke geschieht, kann man an so was natürlich nicht recht glauben. Noch dazu im real existierenden Sozialismus, wo allen alles gehört...

Feierabendheim

Altersheim; ein mehr als verschönernder Ausdruck für im Volk der Werktätigen nicht mehr gebrauchte Menschen. Am besten war sowieso, sie gingen „'rüber", womit die ehemalige Bundesrepublik zu einem praktischen Feierabend-Entsorgungsheim umfunktioniert wurde. Theoretische Sprach-Möglichkeiten wären auch, würde man so pervers weiterdenken: Feierabendwerkstatt (Altenpflege) oder Feierabendentgelt (Rente).

Fettgegarte Stäbchenkartoffeln

Hier verhält es sich ähnlich wie mit der Grilletta. Diese Stäbchen sind hierzu- (und inzwischen im ganzen) Lande besser als „Pommes frites" bekannt.

Grilletta

Kunstname für ein vielbeliebtes Nahrungsmittel, das wohl aus Gründen, die mit dem Klassenfeind zu tun hatten, nicht den Namen der größten bundesdeutschen Hansestadt tragen durfte. Aber „Rostocker" oder „Karl-Marx-Städter Klöpschen" wären doch auch ganz nett gewesen, oder?

Krusta

Sie ist die dritte im Gastronomie-Bunde und nennt sich im herkömmlichen Sprachgebrauch schlicht Pizza. Keine Ahnung, ob das Ding „drüben" so hieß, weil es gesamtsozialistisch so hart war, wie bei Graziano um die Ecke nur die Kruste am Rand.

Pappe

Spitzname für den längst weit und breit liebgewordenen „Trabbi". dessen Karosserie ursprünglich aus Preßpappe, später aus Hartplastik hergestellt wurde. Daher hieß er denn auch Plastepanzer. Na ja, in den 50er Jahren gab es ja auch bei „uns" den Lloyd 300 aus Sperrholz, den sogenannten Leukoplast-Bomber.

Unterhaltungskunst

Vom Schallplattenunterhalter bis zum Diskosprecher. Mit westlichen Begriffen gesagt: vom Plattenplauderer bis zum Diehdschäj (DJ). There is eben no business like showbusiness, gell, mein Gudsder.

Vergaserkraftstoff

Benzin traute man sich beim „Trabbi" wohl nicht zu sagen. Es soll Mercedes-Fahrer gegeben haben, die sich beim (bis 1990 seltenen) Anblick eines solchen Fahrzeuges an westlichen Tankstellen mit folgenden Worten an den Fahrer gewendet haben: „Na, kriegt der Kleine noch die Brust oder darf er schon bleifrei?"

Vitaminbasar

Orientalisch angehauchter – und damit mit dem Duft der großen weiten Welt versehener Begriff für Obst- und Gemüseladen. Vorstellbar wären demzufolge noch: Vitalbasar (Apotheke), Oberbekleidungsbasar (Boutique), Alkoholbasar (Kneipe), Literaturbasar (Buchladen) und und und...

Human ist, wer hier trotzdem lacht

Die Gattung Mensch im (nicht immer) ganz ernsten Licht betrachtet

Schein und Sein

Was hilft es dir, damit zu prahlen,
daß du ein freies Menschenkind?
Mußt du nicht pünktlich Steuern zahlen,
obwohl sie dir zuwider sind?

Wilhelm Busch

*

„Der Mensch ist gut, aber d' Leut' san schlecht“, sagt der Volksmund in Bayern, der bekanntlich vieles auf den Punkt bringt. Kurz und gut: Es gibt unzählige Binsenweisheiten über Menschlich-Allzumenschliches, die sich durchaus fremdwörtlich verklausulieren lassen. Aber je älter wir werden, desto problematischer wird die Sache. Das geht schon – wie ich täglich am eigenen Leibe erfahre – im Kindergarten los. Und setzt sich fort: Schule, Disco oder Lehre – da werden Worte mit nach Hause gebracht, daß einem ganz schwarz vor Augen wird. Die einzige Chance für alle über 30, um am Ball zu bleiben: Setzen wir noch eins drauf! Werfen wir mit Worten um uns, die unser Nachwuchs (hoffentlich) noch nicht kennt. Vielleicht.

*

Abfolgeerwartung

(Soziologendeutsch)

Vorstellung des Säuglings, daß bestimmte Ereignisse seiner Umwelt einander sicher folgen. Beispiele: Kindergarten, Einschulung, Lehre, Abitur, Berufsleben und all dieser Unsinn.

Action

(lateinisch, englisch: ereignisreiche Handlung)

Was auch immer Sie tun: *Action* ist angesagt! Da gibt es den *Action-Künstler*, den *Action-Film* und auch die Presseagentur *action press*. Als ob Kunst, Film oder Presse ohne Handlung stattfinden könnten! Wie hieß ein Werbespruch aus den frühen 80ern? „Äktschen bringt Sätisfäcktschen!" Das *Aktiv-Leben* in all seinen Abartigkeiten gehört ebenfalls in diese Kategorie. Man möchte einfach *passiv* werden beim Gedanken an all diese *aktiven* Menschen, die einem mit ihrer *Power* den letzten Nerv töten. Egal, ob sie jetzt neun Jahre alt sind oder neunundneunzig.

Affektioniert

(lateinisch: herzlich zugetan)

Die akademische Liebeserklärung heißt nicht einfach: „Mein Schatz, ich liebe dich!" Da müssen Sie Ihre(m)r Angebeteten schon mit dem affektionierten Zustand kommen!

Agglomerat

(lateinisch: größeres Teilchen, das aus mehreren kleinen entstanden ist)

Angehörige einer Großfamilie sollten bei Erzählungen über ihre Sippe ab und zu dieses vornehme Wort einflechten. Das zeugt von Bildung. Etwa: „In unserem Agglomerat gibt es heute abend Eintopf."

Akzeleration
(lateinisch: Beschleunigung)

Unter anderem ist hier die Entwicklung, beziehungsweise das Wachstum von Jugendlichen gemeint. Ihr Sohn ist 15 und bereits einen halben Kopf größer als Sie? Trösten Sie sich: Das ist der Lauf der Zeit. Wissenschaftler haben festgestellt, daß die Menschen zwischen 1920 und heute um fast zehn Zentimeter größer geworden sind. Geben Sie es doch zu: Sie sind stolz darauf, einen so langen Schlacks zu haben! Werden Sie darauf angesprochen, sollten Sie ganz locker einflechten: „Die *Akzeleration* meines Jungen ist einfach riesig!" Ach? Ihr Kind ist kleiner als der Durchschnitt? Dann sprechen Sie einfach von *Retardation*. Das ist nämlich das Gegenteil.

Alternative
(lateinisch, französisch: Wahl)

Es begann mit einigen wenigen, die mal etwas ganz anderes probieren wollten. Heute zählt sich irgendwie irgendwo jeder dazu: zu den *Alternativen*. Ob Sie als Alternative zur Pizza Spaghetti wählen, ob Sie alternativ die U-Bahn statt des Autos nehmen, ob Sie zwischen der Alternative Sandale oder barfuß entscheiden müssen – es ist halt anders geworden, seit dieses Wort in unseren Köpfen herumspukt. Aber haben Sie eine Alternative?

Ambiente
(lateinisch: Umgebung)

War man früher zu Besuch bei Leuten, die – sagen wir mal – nicht unbedingt auf eine harmonische Gestaltung ihres Wohnraumes achteten, zerriß man sich auf dem Heimweg folgendermaßen den Mund: „Hast du gesehen, was die für eine scheußliche Lampe im Klo haben? Und der Staub auf den Möbeln! Fingerdick, sag' ich dir. Also, bei denen waren wir heute wirklich das allerletzte Mal!" Mit dem Insider-Begriff „Ambiente" reduziert sich dieser Tratsch auf eine Randbemerkung: „Also, das Ambiente bei Flöper-Wagenscheidts ist ja wirklich unter aller Sau!"

Ambivalent

(lateinisch: zweideutig, zwiespältig)

Etwas, was in diesem Buch bewußt vermieden wird: ambivalente Witze. Doch sollte Ihnen mal einer zugetragen werden, können Sie Ihr Interesse (Ihre Empörung) hinter der Floskel verbergen: „Ambivalent, dieser Scherz, höchst ambivalent!" Da kann sich dann jeder selbst einen Reim darauf machen.

Amplitude

(lateinisch: Größe, Weite, Umfang)

Kommt Ihnen Ihr Nachwuchs frech, sollten Sie ihn auf Ihre *Amplitude* hinweisen. Fremdwörter, die man nicht kennt, sind noch immer ein guter Grund für jeden Gegner, vorsichtig zu sein.

Basal

(lateinisch: die Basis bilden)

Ein *Basaltext* ist demnach die zusammengefaßte, vollständige Textdarstellung eines Lehrstoffes. Jetzt wissen Sie also, was Sie tun, wenn Sie lesen. Ob Liebesromane, Comics, Frau-mit-Schmerz-Zeitschriften oder dieses Buch: Das alles bekommt jetzt einen ganz anderen Stellenwert! Denn es handelt sich ab sofort um – genau! Der Inhalt des Lehrstoffes ist schließlich Ihre Sache!

Bilateral

(lateinisch: zweiseitig)

Sollten Sie Krach mit Ihrer besseren Hälfte haben, können Sie dies Freunden gegenüber mit dem Satz umschreiben: „Die bilateralen Beziehungen in unserem trauten Heim sind derzeit etwas getrübt." Bezieht Ihr Ältester Ihre Position, die Jüngste steht hingegen auf der Seite des Ehepartners, muß man allerdings von einer *multilateralen* Familienkrise sprechen.

Center

(lateinisch: Mittelpunkt)

Gibt es noch irgendwo in Ihrer Nähe einen Platz, der sich nicht *Center* nennt? Dann wird es aber Zeit! Die diversen Sportplätze sind längst zum *Fitneß-Center, Squash-Center, Tennis-Center, Body-Building-Center* und so weiter aufgestiegen. Die Pommes-Bude heißt *Snack-Center*, der Kaufladen *Shopping-Center*, der Getränke-Laden *Frische-Center*.
Deshalb: Machen wir den Arbeitsplatz zum *Work-Center*, die Schule zum *Learn-Center*, das Auto zum *Driving-Center*, das Wohnzimmer zum *Living-Center*, den Bastelkeller zum *Hobby-Center* oder den Bundestag zum *Quassel-Center* – das (und vieles mehr) centert voll rein! Ähnliche Spielchen lassen sich auch mit den Begriffen *Shop* oder *Corner* vollführen.

Depressiv

(lateinisch: niedergeschlagen)

Die Tiefenpsychologie unterscheidet vier Persönlichkeitsformen, von denen sich immer je zwei gegenüberstehen:
- Die *depressive*, die sich ungeborgen und isoliert fühlt.
- Die *schizoide*, die sich für abhängig von allem möglichen hält.
- Die *zwanghafte*, die darunter leidet, daß alles vergänglich ist.
- Die *hysterische*, die jede Einschränkung haßt.

Ich empfehle in diesem Zusammenhang die Lektüre des Buches „Grundformen der Angst" von Fritz Riemann, eine der wenigen psychologischen Studien, die ohne übermäßigen Fremdwort-Schwulst auskommt. Denn gerade der macht ja bekanntlich den Durchschnittsleser zutiefst depressiv, weil er kein Wort versteht.

depressiv

Desperat

(lateinisch: verzweifelt)

Wer sich beim Liebeswerben eine Abfuhr geholt hat, stößt im Freundeskreis auf gesteigertes Interesse, wenn er den anderen vorjammert, in welch desperater Lage er sich befindet. Allein die Frage, „Aber wieso das denn, mein Lieber?" erleichtert es einem sehr, sein Herz auszuschütten. Wobei der andere, hätte er das Wort gekannt, vermutlich mit „Ja, ja, das kenn' ich!" geantwortet hätte, um sich stundenlanges Lamento zu ersparen.

Dinks

(englisch: Abkürzung für *D*ouble *I*ncome *N*o *K*ids)

Kinderlose Doppelverdiener machen einen immer größeren Anteil unserer Gesellschaft aus. Dinks in Reinkultur sind Yuppies (siehe dort) mal zwei – also die Unausstehlichkeit in Potenz.

Dissens

(lateinisch: Meinungsverschiedenheit)

Bezieht sich vor allem auf Vertragsabschlüsse. Da im Grund genommen die Ehe ein solcher ist, wäre es wesentlich vornehmer, von einem Ehe-Dissens als von einem Ehekrach zu sprechen. Das gibt der Angelegenheit etwas Hochoffizielles. Ist das Porzellan wieder zusammengekehrt, tritt der Konsens – die Einigung – ein.

Drive

(englisch: Fahrt, Treiben)

Der Mensch mit Schwung hat ausgedient, es lebe der Mensch mit *Drive*! Zu viel Drive kann allerdings mitunter auch in den Graben – sprich: auf die Nerven gehen.

Dissens

Evaluationsmäßig

(lateinisch: schätzungsweise)

Sie werden von Ihrem Sprößling gefragt, in welchem Jahr irgendein bedeutungsloser Feldherr eine völlig vergessene Schlacht gewonnen hat. Natürlich haben Sie keine Ahnung. Aber geben Sie sich keine Blöße! Antworten Sie etwa folgendermaßen: „*Evaluationsmäßig* muß das Ganze im späten Mittelalter gewesen sein."

Exkursion

(lateinisch: Ausflug)

Werten Sie Ihren Betriebsausflug zu einer Unternehmens-Exkursion auf! Der Vatertagsausflug macht viel mehr her, wenn er zur Patriarchen-Exkursion hochstilisiert wird. Und der Familienausflug – nun, das wäre dann die Agglomerats-Exkursion! (Siehe dort!)

Guilty pleasure

(englisch: schuldhaftes Vergnügen)

Geben Sie es zu: Auch Sie frönen einem kleinen Laster, das Ihnen ungeheueren Spaß macht, während alle anderen darüber den Kopf schütteln! Ich zum Beispiel sammle heimlich Marianne-Rosenberg-Platten und höre sie mir auch noch an. Dann gibt es Leute, die tatsächlich freiwillig (und gern) „Lore"-Romane lesen. Wieder andere studieren immer ihr Horoskop. Und es soll sogar welche geben, denen es richtig Spaß macht, zu arbeiten. Das ist dann ein besonders schamloses *guilty pleasure* – aber wirklich!

Harmonisieren

(griechisch, lateinisch: in Einklang bringen)

Angenommen, bei Ihnen hängt der Haussegen schief, weil Ihnen die „bessere Hälfte" vorwirft, jeden auswärtigen Abendtermin dem Familienleben vorzuziehen. Just in diesem Moment ruft einer aus Ihrer Räuberbande an, um Sie heute abend zum Kegeln/Schafkopfen/Kino/Stammtisch zu verführen. Es wird Ihnen nichts anderes übrigbleiben als mitzuteilen: „Du, ich bin gerade dabei, meine Termine zu harmonisieren. Und leider, leider geht es heute nicht!“ Wenn Sie Glück haben, kriegt Ihr Telefon-Amigo nicht mit, daß Sie eigentlich nicht unter Zeitdruck stehen, sondern unter dem Pantoffel.

Lampadarius

(griechisch, lateinisch: lampentragender Sklave)

Es war schon immer etwas teurer, einen besonderen Geschmack zu haben. Ich kenne allerdings nur wenige Leute, die sich einen Butler halten, der ihnen die Taschenlampe trägt, wenn sie nachts angeheitert aus der Kneipe nach Hause wanken. Wer allerdings einen Lampadarius – wie er im klassischen Altertum gang und gäbe war – sein eigen nennt, gehört wirklich zur High Snobiety. Man gönnt sich ja sonst nichts!

Misopädie

(griechisch, lateinisch: Haß gegen Kinder)

Drohungen wie „Ich schmeiß dich aus dem Fenster!“ sind vermutlich so oder ähnlich schon mal allen Eltern rausgerutscht. Wer an Misopädie leidet, setzt diese Warnungen allerdings in die Tat um. Anderseits meinte der amerikanische Komiker W. C. Fields: „Wer Hunde und Kinder haßt, kann kein schlechter Mensch sein.“

Narrativ

(lateinisch: erzählend)

Der nervenzerfetzende Treppenhaus-Tratsch der werten Frau Nachbarin kommt als narrativer Vortrag gleich ganz anders zur Geltung. Es ist hier wie bei einem richtigen Vortrag: Sie müssen ja nicht hinhören.

Pseudo

(griechisch: nachgeahmt)

Schon an anderer Stelle habe ich darauf hingewiesen, daß auf diesem unseren Planeten viel zu wenige Originale und viel zu viele Fälschungen herumlaufen. Sie werden mit der Vorsilbe Pseudo- abqualifiziert, die in manchen Kreisen als große Schmach gilt. Nennen Sie mal einen langhaarigen, lederjakken-tragenden Mofa-Jugendlichen Pseudo-Rocker. Er wird Ihnen mit einem gezielten Faustschlag beweisen, daß er alles andere als pseudo ist. Oder betiteln Sie einen gedichteschreibenden, bärtigen Spät-Hippie als Pseudo-Literaten – Sie gewinnen einen Feind fürs Leben, das kann ich Ihnen flüstern!

Relaxen

(englisch: ausruhen)

Wer gibt schon gerne zu, faul zu sein? Relaxen hingegen hat den Anstrich von einer gewissen schöpferischen Pause, verbunden mit Energietanken und... äh, also mit... ahem. Sie merken schon: Ich bin gerade etwas unrelaxed.

Soft

(englisch: sanft)

Anfangs gab es das *Soft-Eis*, das sich lediglich dadurch auszeichnete, daß es gelegentlich mehr Salmonellen enthielt als normales Milchspeiseeis und deshalb besser Salm-Eis heißen müßte. Dann kam die Computer-Industrie auf den Trichter mit der *Software* (siehe dort) und heute ist überhaupt alles soft – vom *Soft-Song* über den *Soft-Touch* der Tasten Ihrer Stereo-Anlage bis zum *Soft-Leder* Ihrer Stiefel. Da läßt sich doch sicher noch mehr daraus machen: Der Brummschädel nach einer durchzechten Nacht ist das *Soft-Headache*, die Beule am Auto nach dem Einparken wird zum *Soft-Hole*. Und statt zu brüllen, können Sie Ihrem Sohn auch ganz *soft* – „aber zum letzten Mal!!! – sagen, daß er sein Zimmer aufräumen soll.

Streß

(englisch: Druck)

Eigentlich kann man dieses Wort nicht mehr hören. Denn wohin man auch lauscht: Der Mensch im allgemeinen und besonderen ist im Streß – vor allem im Freizeitstreß. Daß es sich beim Streß um einen hochkomplizierten Vorgang handelt, den es als Eu-Streß (der uns sogar guttut) und als Di-Streß (das ist der, den wir meist meinen, wenn wir davon sprechen) gibt, soll hier nur am Rande erwähnt werden. Leider habe ich zu viel Streß, um ausführlicher auf dieses Thema einzugehen.

Workshop

(englisch: Werkstatt)

Früher traf man sich zum gemeinsamen Basteln oder Musizieren. Heute veranstaltet man einen Workshop, besser noch: einen Creative Workshop. Das beginnt beim Kochkurs an der Volkshochschule und endet meist im Chaos, weil keiner mehr weiß, wozu der Workshop eigentlich gut sein soll.

Yuppie

(englisch: Kunstwort aus der Abkürzung für *Y*oung *U*rban *P*rofessional)

„Junge großstädtische Berufstätige" nennen sich diese Produkte aus dem Labor von Doktor Frankenstein frei übersetzt. Besondere Kennzeichen: Es handelt sich eindeutig um die größten, besten, klügsten und schönsten Angehörigen der menschlichen Rasse. Diese Herrschaften mit dem messerscharfen Haarschnitt, der pinkfarbenen Brille und der gnadenlosen Energie lassen jeden Normalbürger wie Sie und mich hoffnungslos alt aussehen. Sie leben nach In- und Out-Listen, also nur vom Feinsten. Ein Trost bleibt Ihnen und mir trotzdem: Mit Fuffzich sprechen wir uns alle wieder! Wer dann wohl den größeren Bauch hat? Unsereins vom Weizenbier oder die anderen vom Schampus?

Zitate im neuen Licht

Die Zuneigung Angehöriger derselben sozialen Schicht ist erstaunlich hoch.
„Gleich und gleich gesellt sich gern."

Das Benehmen hochmütiger Menschen ist oft wenig verbindlich.
„Grobheit und Stolz wachsen auf einem Holz."

Ein folgenschwerer Ausrutscher ist die logische Konsequenz arroganten Verhaltens.
„Hochmut kommt vor dem Fall."

Die verbale Rühmung der eigenen Person geht mit einer Geruchsbelästigung der Umwelt einher.
„Eigenlob stinkt."

Auch wer seinen Lebenshorizont überschritten hat, ist vor Irritationen nicht gefeit.
„Alter schützt vor Torheit nicht."

Ein Gegenstand, der von der Geraden in die U-Form übergehen möchte, sollte mit der Metamorphose bereits in der Jugend beginnen.

„Was ein Haken werden will, krümmt sich beizeiten."

Bestimmte Unterrichtsziele, die nicht bereits in der Vorschule vermittelt werden können, gehen selbst dem Abiturienten unwiederbringlich verloren.
„Was Hänschen nicht lernt, lernt Hans nimmermehr."

Die korrekte Wiedergabe jedweder Umstände wird vor allem von entweder jungen oder geistig nicht zurechnungsfähigen Menschen bevorzugt.
„Kinder und Narren sagen die Wahrheit.“

Der Besitz einer Kochgelegenheit – egal, ob elektrisch, Mikrowelle oder simpler Gaskocher – wird mancherorts so hoch eingeschätzt wie ein hochbegehrtes Edelmetall.
„Eigener Herd ist Goldes wert.“

Leute aus der sozialen Unterschicht neigen zu Aggression untereinander, verbunden mit der Bereitschaft zu anschließender sofortiger Versöhnung.
„Pack schlägt sich, Pack verträgt sich.“

Eine Verehelichung in jungen Jahren zieht einen zufriedenen Allgemeinzustand nach sich.
„Jung gefreit – nie gereut.“

Sehr große Sympathie hat eine negative Auswirkung auf das Sehvermögen.
„Liebe macht blind.“

Kaum war die verbale Ankündigung verklungen, kam es zur spontanen Aktion.
„Gesagt, getan.“

Es gibt eine logische Trilogie des Positiven.
„Aller guten Dinge sind drei.“

Definitionssachen

Moralisten:
Menschen, die sich dort kratzen, wo es andere juckt

Sadismus:
Kabale und Hiebe

Infant: Kind
Infanterie: kindischer Haufen

Matrone: alte Frau
Patrone: alter Mann

Kondolieren:
gratulieren, wenn jemand gestorben ist

Konfektionsgröße:
abhängig von der Menge des genaschten Konfekts

Exakt:
ehemaliges Nacktmodell

Jod:
Silbe, die beim Jodeln vorne rauskommt

Am Rande

Lieber ein Geigenkasten
als Fidel Castro!

Lieber Don Camillo
als Pater noster!

Was Alraunen raunen

Aus der Welt des Übersinnlichen

Nachtgedanken

Wie bleibe ich so gerne stehn,
wenn über mir die Sterne gehn,
ich seh, in ihre Zahl verstrickt,
den tausendfachen Strahl verzückt.

Benno Papentrigk

*

Haben Sie heute schon Ihr Horoskop gelesen? Nein? Yogaübungen gemacht? Auch nicht? Steht wenigstens Ihr Bett so, daß keine Wasserader darunter fließt? Ja? Na sehen Sie! Ich habe schon befürchtet, dieses Kapitel könnte Sie überhaupt nicht interessieren. Dabei läßt sich über Übersinnliches sooo viel plaudern, auf langweiligen Parties etwa. Denn, wie man bei uns in Bayern sagt, nix G'wiß woaß ma net. Was frei übersetzt etwa bedeutet: Ein Körnchen Wahrheit könnte ja dran sein. Was übrigens auch für die folgenden Seiten zutrifft.

*

Alchimie

(arabisch: die Chemie)

Die Auseinandersetzung mit chemischen Stoffen führte vor allem im Mittelalter dazu, daß man unedle in edle Stoffe zu verwandeln suchte. Im übertragenen Sinne ist es heute so manchem Industriezweig gelungen, aus Dreck Gold zu machen. Wenn das der gute Doktor Faust geahnt hätte! Der Esoteriker versteht übrigens unter Alchimie die Vereinigung der Gegensätze, die sich in der chymischen Hochzeit vollzieht.

Alraune

(althochdeutsche Verbindung aus Alb – Kobold – und runen – flüstern)

Diese einer menschlichen Gestalt ähnliche Wurzel der Mandragora-Pflanze galt schon in der griechischen Antike als Zauberpflanze. Der Sage nach wächst die Alraune aus dem Harn eines Gehenkten. Ihr Besitz verheißt Reichtum und Glück.

Anthroposophie

(griechisch: Menschenweisheit)

Eine von Rudolf Steiner (1861–1925) begründete Weltanschauungslehre. Die Welt entwickelt sich demnach stufenweise und der Mensch sollte diese Entwicklung erkennen und sich in sie einfühlen. Auf diese Weise bekommt er „höhere" seelische Fähigkeiten. Zu diesen fühlen sich Pädagogen berufen, die auf der Basis der Anthroposophie die Freien Waldorfschulen ins Leben gerufen haben.

Ashram

(sanskrit: Ort, wo der Meister seine Jünger zur Belehrung um sich versammelt)

Berühmt wurde der Ashram der Bhagwan-Sekte im indischen Poona, nicht zuletzt, weil er wohl der Welt größter Rolls-Royce-

Parkplatz war. Aber auch über diese Episode ist bereits längst Gras gewachsen.

Astralkörper

(griechisch: Sternenkörper)

Altgriechische Lehrer waren der Auffassung, Gestirne und Seelen bestünden aus derselben Quintessenz, dem Äther. Somit war der Astralleib die Gestalt der zu den Sternen entrückten Seelen. Um ihn herum ist der physische Körper aufgebaut. Auch bei uns herrscht noch bisweilen die kindliche Vorstellung, daß die Seele nach dem Ableben quasi wie ein Flaschengeist gen Himmel fleucht.

Aszendent

(lateinisch: Aufgang)

So heißt in der Astronomie und der Astrologie der Aufgangspunkt eines Gestirns. Nervt mich schon die Frage nach meinem Sternbild (Schütze), so kann ich die daran anschließende: „Und welcher Aszendent?“ überhaupt nicht mehr hören.

Aum

(mystisch; auch: Om)

Eine mystische Silbe, die als feierliches Symbol für spirituelle – also hochgeistige – Erkenntnisse dient. Es galt einst bei den Transzendentalen Jüngern als schick, mit „Aum“-Gebrumme zu meditieren. Das Ganze klang oft so, als ob man nach einer Bergtour wieder versucht, die Ohren freizubekommen.

Autogenes Training

(griechisch: ursprüngliches Training)

Diese immer beliebter werdende Methode ist Hypnose und Yoga verwandt und soll der „konzentrativen Selbstentspannung“ dienen, wie es ihr Begründer, der Nervenarzt J.H. Schultz (1884–1970) ausdrückte. Ich höre viel Gutes darüber. Nur schade, daß ich bei meinen Versuchen immer einschlafe.

Biorhythmus

(griechisch: Lehre von der rhythmischen Struktur des Lebenslaufes)

Das ist der Rhythmus, bei dem jeder mit muß. Die Biorhythmus-Kurve sagt Ihnen schon am Montag, ob Sie am Freitag gut drauf sind oder nicht. Für die einen eine ernst zu nehmende Wissenschaft, für die anderen von der Aussagekraft des Horoskops der Bild-Zeitung.

Chakra

(sanskrit: Sinnesorgane)

Okkulte Kreise bezeichnen damit die geheimsten Sinnesorgane des Astralkörpers. Wer fleißig übt, kann sie entdecken und entwickeln. Aus diesem Holz sind Zauberer, Wunderheiler, Hellseher und ähnliche Gestalten geschnitzt. Aber auch Chefs und „bessere Hälften“ sind oft mit Chakras versehen, sakra!

Eschatologie

(griechisch: letzte Dinge)

Das Jüngste Gericht oder der Anbruch einer neuen Zeit (die Offenbarung des Johannes) ist damit gemeint. Außerdem bedeutet dieser Begriff die Lehre vom Tod und vom Jenseits.

Esoterik

(griechisch: Geheimlehre)

Dabei handelt es sich um die Lehre des verborgenen oder geheimen Wissens. Das Gegenteil heißt Exoterik. Dieser Gegensatz geht auf Pythagoras zurück. Sie wissen schon: Das war der mit der geometrischen Erkenntnis „Im rechtwinkligen Dreieck ist die Fläche des Quadrats über der Hypothenuse gleich der Summe der Flächen der Quadrate über den beiden Katheten.“ Kurz: $a^2+b^2=c^2$.

Hierophant

(griechisch, lateinisch: Oberpriester)

Dies ist die Bezeichnung für den Eingweihten in esoterisches Wissen, kurz: ein Eso-Experte.

Horoskop

(griechisch, lateinisch: Stundenseher)

Mit dem Horoskop werden die Planeten in den Tierkreiszeichen beschrieben. Angeblich finden sie ihre Entsprechung in den Charaktereigenschaften und im Schicksal der Menschen. Die Zahl der Leute, die daran glauben, wächst, was allein an der steigenden Zahl der einschlägigen Zeitschriften abgelesen werden kann. Nur: Zugeben tut's kaum einer. Das ist wie mit den Fast-Food-Restaurants (siehe dort), in die angeblich auch niemand zum Essen geht.

Mantram

(sanskrit: Silbe)

So lautet der Name einer spirituellen Formel, wie beispielsweise „Aum“ (siehe dort).

Medium

(lateinisch: Mitte)

Das ist jemand, der angeblich besonders befähigt für den übersinnlichen Bereich ist. Weshalb allerdings das Fernsehen Medium genannt wird, begreift kein Mensch. Oder sollte ich den Zusammenhang nicht kapieren?

Okkultismus

(lateinisch: Geheimwissenschaft)

Die Theorie und Praxis der verborgenen und geheimen Wissenschaften wird Parapsychologie, Grenzwissenschaft oder Okkultismus genannt. Dazu gehören zum Beispiel Telepathie, Traumdeutung, Yoga, Exorzismus, Journali... na, wer hat denn da meinen Computer ausgeschaltet?

Radiästhesie

(lateinisch: Empfindungsvermögen für einen Mittelpunkt)

So nennt sich die wissenschaftliche Untersuchung und die Fähigkeit des Wünschelrutengehens und Pendelns. Es soll hochtechnisierte Firmen geben, die eigene Wünschelrutengeher beschäftigt haben, um Wasseradern zu orten. Ein Beweis dafür, daß auch die nur mit Wasser kochen.

Schamanen

(sanskrit: Zauberer)

Bei den Naturvölkern in aller Welt werden Heiler, Wahrsager und Priester als Schamanen bezeichnet. Und auch Dichter, ha! Eben jeder, vor dem man Ehrfucht hat, weil er etwas besonderes kann. Na gut, ich nehme das mit dem Dichter wieder zurück.

Tantra

(sanskrit: Lehrsystem der indischen Religion)

Und zwar ein ganz bestimmtes. Denn so heißen sexuell-magische Riten auf der Grundlage von Hinduismus und Buddhismus. Ob es wohl im indischen Fernsehen eine Fernseh-Show „Tutti-Tantra“ gibt? Ich stelle mir gerade Hugo Egon Balder mit Turban vor.

Tantra

Telekinese

(griechisch, lateinisch: körperliche Beeinflussung durch geistige Kraft)

Angeblich gibt es Leute, die nur durch Konzentration Schränke verrücken können. Das kann beim Saubermachen oder bei einem Umzug manchmal ganz schön praktisch sein.

Telepathie

(griechisch, lateinisch: außersinnliches Wahrnehmen seelischer Vorgänge)

Sie funktioniert vermutlich mit Hilfe des Chakras (siehe dort).

Yin und Yang

(chinesisch: die dunkle weibliche und lichte männliche Urkraft)

Angeblich ergänzen sich weibliche und männliche Kraft gegenseitig, jedenfalls nach der chinesischen Philosophie. Ich empfehle Ihnen jedoch auch, unter dem Stichwort „Computer" bei „kompatibel" nachzuschauen. Aber die ollen Chinesen und die modernen Computer-Freaks dürfen ja ruhig unterschiedlicher Meinung sein, oder?

Von der Produktivität zum Produkt

Das Berufsleben im Lichte der Sprachschöpfung

Geliebter Beruf

Mein Gesicht ist schwarz wie Kohle
von dem Scheitel bis zur Sohle,
doch mein Herz ist frisch und frei,
es liebt die Schornsteinfegerei!

Volkslied aus Berlin

*

In uralten Zeiten war die Sache einfach. Da gab es Herren und Knechte. Die einen schafften an, die anderen schafften. Da brauchte es nicht viele Worte. Doch für die Schaffenden wurden immer mehr Berufe erfunden, um sie zu beschäftigen. Und irgendwann kam der Durchbruch: Der Beamte tauchte auf. Vor allem dieser wortkreativen Spezies Mensch haben wir Wortschöpfungen über Wortschöpfungen zu verdanken. Damit es nun aber nicht heißt, hier wird nur auf den Staatsdienern herumgehackt, habe ich mir ein eigenes Kapitel „Beamtendeutsch“ verkniffen. Das Fremdwort im Berufsleben ist schon so kompliziert genug.

*

Absentismus

(lateinisch: ungerechtfertigtes Wegbleiben vom Arbeitsplatz)

Dieser Begriff läßt sich besonders mit dem vielzitierten „blauen Montag“ in Zusammenhang bringen. Fragen Ihres Chefs, warum Sie denn schon wieder zu Beginn der Woche nicht an Ihrem Arbeitsplatz waren, sollten Sie mit der Bemerkung „Ich litt an Absentismus“ kontern. Wenn Sie Glück haben, hält er das für ein Furunkel am Gesäß.

Adaption

(lateinisch: Anpassung von Lebewesen an ständig veränderte Umweltbedingungen)

Eine Fähigkeit, die vor allem dann nützlich sein kann, wenn Sie unter einem launischen Chef leiden. Herrschaften, die die Adaption besonders gut beherrschen, bekommen zum Ausstand gern den „goldenen Lenker“ verliehen, weil sie auch „Radfahrer“ genannt werden. Außerdem ist dieser Begriff noch nicht so abgenutzt wie das schöne Wort *Opportunismus.*

Antizipation

(lateinisch: im voraus)

Wochenlang haben Sie die Rede auswendig gelernt, mit der Sie Ihre Gehaltserhöhung begründen wollen. Jetzt werden Sie abgeschmettert, ohne überhaupt einen Satz angebracht zu haben. Ist Ihr Chef Hellseher? So ähnlich. Er besitzt *Antizipation.* So wird es in der Psychologie genannt, wenn jemand gedanklich ein Ziel vorwegnimmt. Auch viele Ehefrauen, Eltern, Lehrer (weitere Gruppen bitte selbst einsetzen) besitzen diese Fähigkeit.

Aufforderungscharakter

(Bürokratendeutsch)

Wozu ist ein Kugelschreiber da? Richtig! Zum Schreiben. Und ein Radiergummi? Und ein Papierkorb? Halt! Machen Sie es nicht so einfach! Sagen Sie: Mein Radiergummi hat den *Aufforderungscharakter des Ausradierens!* Mein Papierkorb hat den *Aufforderungscharakter des Wegwerfens!* Ausschnitt der Definition dieses Wortes aus „Meyers kleines Lexion – Sport": „Bezeichnung für eine Eigenschaft, eine Qualität, die bestimmten Umweltbedingungen, Sportgeräten und -stätten usw. eignet, wodurch derjenige, der sie wahrnimmt, zu dessen Ausnutzung bzw. Benutzung, also zum aktiven Sporttreiben angeregt wird." Ehrenwort: Das steht wirklich so drin! Es gibt Sätze, denen „eignet der Aufforderungscharakter" des Durchstreichens.

Badge

(englisch: Merkmal)

In diesem Falle ist ein ganz besonderes Merkmal gemeint, das von Kongreßteilnehmern meist auf der rechten Brustseite getragen wird. Die Rede ist von den berühmten Namensschildchen. Vor allem geben diese Schildchen den Männern Gelegenheit, Frauen auf den Busen zu schielen, ohne gleich Ärger zu bekommen. Manchmal macht es allerdings trotzdem „Badge" (sprich: Pätsch!) und ein Herr der Schöpfung hat fünf Fingerabdrücke auf der Backe. Ich glaube allerdings nicht, daß dieses Wort seinen lautmalerischen Ursprung vom Geräusch einer Ohrfeige hat.

Brainstorming

(englisch-amerikanisch: Geistesblitz)

Das Nachdenken beginnt schon in aller Herrgottsfrühe mit der Frage: Was soll ich anziehen. Haben Sie sich schon mal bewußt gemacht, wie oft am Tag Sie vor schwierige Denk-Entscheidungen gestellt werden? Kleiden Sie diesen Vorgang in das richtige Wort – schon leisten Sie etwas Außergewöhnliches, nämlich *Brainstorming.* Kein kreativer Mensch sagt mehr: „Laß uns mal überlegen!" Nein – die Hirnstürme müssen so bezeichnet werden; auch wenn es manchmal nur Winde sind.

Chairman

(englisch; wörtlich: Stuhl-Mann)

Chairman nennt man in England oder Amerika den Vorsitzenden eines politischen oder wirtschaftlichen Gremiums – also oft den Vorstandsvorsitzenden einer Firma. Ein schönes Beispiel für die Bildhaftigkeit der Sprache: Ich stelle mir vor, wie jener honorige Herr an seinem Stuhl klebt, während andere daran sägen. Nun frage ich mich, ob hier ein innerer Zusammenhang zur zweiten Bedeutung dieses Wortes existiert: Ein Chairman ist nämlich auch jemand, der einen Rollstuhl schiebt. Statistiken haben ja längst ergeben, daß die ehrenwerten Vorstandsherren nicht selten altersmäßig jenseits von Gut und Böse sind.

Comité

(französisch: leitender Ausschuß)

Finden Sie nicht auch, daß „Ausschuß-Mitglied“ ein wenig doppeldeutig klingt? Benennen Sie doch den Ausschuß Ihres Sportvereins, Elternbeirats oder Ihrer Bürgerinitiative ganz einfach um! Denn das *Comité* – natürlich exklusiv französisch geschrieben – zur Erhaltung der Dorngrasmücke am Weldener Weiher klingt doch um einiges vornehmer – und läßt Ihren Bürgermeister vor Ehrfurcht erstarren.

Freisetzung

(Behördendeutsch: Kündigung)

Gewisse Kreise haben sich angewöhnt, auch die größten Katastrophen rosa einzufärben. Niemand wird mehr gefeuert, sondern freigesetzt. Und natürlich keinesfalls mehr fristlos, sondern bestenfalls außerordentlich. Wird etwas teurer, nennen das die Verantwortlichen „Entzerrung des Preisgefüges“. Und so gibt es auch keinen Stillstand mehr, sondern bestenfalls ein Nullwachstum. Was nicht zuletzt für die Hirne derjenigen gilt, die sich solche Begriffe ausdenken. Vielleicht könnte man für

Chairman

die ein Plätzchen im Entsorgungspark bereithalten – aber halt! Da muß ja schon der Atommüll hin.

Hairothek

(Friseurdeutsch)

Jüngst entdeckte ich in meiner Heimatzeitung dieses Wort als Neuschöpfung für Friseur-Salon. Als ob die nicht schon genug Möglichkeiten hätten! Ich denke nur an den schönen französischen Coiffeur, den Figaro oder den Barbier. Aber die „Thek"-Idee ist sowieso nicht mehr zu bremsen. Spielo-, Apo- und Diskotheken gibt es ja bereits wie Sand am Meer. Wie wäre es nun mit Schlemmothek (der Stehimbiß um die Ecke), Bürothek (der Schreibwaren-Laden gegenüber) oder Klammotothek (für den Second-Hand-Shop)?

Auf derselben Seite meiner Heimatzeitung fand ich übrigens auch einen „Kosmetik-Pavillon". Meines Wissens haben wir so einen auch im Zoo unserer Stadt – zwar ohne Kosmetik, aber dafür mit Bären.

High Potentials

(englisch: hohe Leistungsfähigkeit)

Sind Sie Handwerker und haben ausnahmsweise einen Lehrling, der nicht vollkommen auf den Kopf gefallen ist? Nun, dann besitzt Ihr Betrieb „High Potentials". So nennt die Industrie ihre Top-Nachwuchsleute. Die müssen Spitzenwerte in Sachen Motivation, Begabung und Belastbarkeit mitbringen – also alles, was Ihr Lehrling vermutlich nicht besitzt. Sonst wäre er ja längst in einem Großunternehmen beschäftigt und nicht in Ihrem Kleinbetrieb. Nix für ungut.

Kapazität

(lateinisch: Fassungsvermögen)

Dies gilt für den geistigen, aber auch körperlichen Bereich: Eine echte Kapazität erkennen Sie daran, daß sie meist kaum noch Kapazitäten frei hat. Mein Hausarzt zum Beispiel. Der Umkehrschluß ist hier allerdings nicht immer möglich. Ich kenne Handwerker, auf die wartet man monatelang und dann pfuschen sie doch nur herum. Wenn Sie überhaupt dazu zu bewegen sind meine Wohnung zu betreten!

Manpower

(englisch: Menschenkraft)

Früher hieß es schlicht und einfach: Wie viele Leute haben Sie zur Verfügung? Heute sagt man: Besitzen Sie genug Manpower? Gemeint ist die Zahl und damit verbundene Kraft von Einsatzkräften. Meine One-Man-Power beispielsweise ist zum Geschirrspülen oder für häusliche Reparaturarbeiten leider zu gering. Für den Stammtisch reicht sie gerade mal eben so...

Maschinerie

(griechisch, lateinisch, französisch: maschinelle Einrichtung)

Diese Einrichtung hat der Duden ein wenig näher definiert. Demnach handelt es sich um ein „System von automatisch ablaufenden Vorgängen, in die einzugreifen schwer oder unmöglich ist“. Wer möchte von der Hand weisen, daß diese Definition auch ziemlich genau auf das Wort „Arbeitsplatz“ zutrifft?

Mobilität

(lateinisch: Beweglichkeit)

Ist es nicht schön, wenn der Mensch beweglich ist? Weniger schön ist es, wenn er dies sein *muß*! Etwa, weil sein Arbeitgeber es verlangt. Da kommt Freude auf, wenn die Filiale in München aufgelöst wird und dem Arbeitnehmer ein wunderschöner Alternativ-Arbeitsplatz in Bottrop offenbart wird. Da kann er mal beweisen, welch große Mobilität er besitzt!

Ökotropholgie

(griechisch, lateinisch: Hauswirtschaftslehre)

Die Lösung für alle „Nur“-Hausfrauen! Ab sofort sollten Sie bei Fragebogen statt „Hausfrau“ den oben genannten Begriff eintragen. Grenzenlose Hochachtung wird Ihnen entgegengebracht und Ihr Selbstwertgefühl steigt enorm – allerdings nur so lange, bis Sie dieses Wort wieder vergessen haben.

Zitate im neuen Licht

Die Unterschrift eines Butlers unter zwei Arbeitsverträge zieht arbeitsrechtliche Konsequenzen nach sich.
„Man kann nicht zwei Herren dienen.“

Mitarbeitern eines lederbearbeitenden Betriebes wird empfohlen, das Arbeitsmaterial nicht zu wechseln.
„Schuster, bleib bei deinem Leisten.“

Der Sturzflug ist nicht die richtige Fortbewegungsart für einen diplomierten Handwerker.
„Es ist noch kein Meister vom Himmel gefallen.“

Bei der Produktion von Mehl wird vom Müller der Getreideanlieferer begünstigt, der den Zeitfaktor am besten einkalkuliert hat.
„Wer zuerst kommt, mahlt zuerst.“

Das Schicksal kann mit Hilfe eines Berufs im metallverarbeitenden Gewerbe durchaus positiv gestaltet werden.
„Jeder ist seines Glückes Schmied!“

Als Arbeitnehmer muß ich die
Unternehmensphilosophie meines Arbeitgebers
aufgrund meiner lohn- und gehaltsbedingten
Abhängigkeit auch dann vertreten, wenn ich
anderer Meinung bin als er – und zwar musikalisch!
„Wes Brot ich eß, des Lied ich sing."

Erdaushebungsarbeiten, die zu dem Zweck
vorgenommen werden, Mitbürger in Gefahr zu
bringen, beinhalten auch für den Ausführenden
selbst ein Risiko.
„Wer anderen eine Grube gräbt, fällt selbst hinein."

Auch Umstände, die ein erhöhtes Tempo erfordern,
sollten es nicht an der Bedächtigkeit desjenigen
fehlen lassen, der zu einer schnelleren
Handlungsweise gezwungen ist.
„Eile mit Weile."

Die duale Anbringung eines Fadens reduziert das
Verschleißrisiko des auf diese Weise stabilisierten
und optimierten Produktes.
„Doppelt genäht hält besser."

Definitionssachen

Semantik:
Marotte eines Matrosen

Handikap:
neben dem Kap der Guten Hoffnung, Kap Hoorn und
Nordkap die bei den Seefahrern am meisten
gefürchtete Landzunge

Welchen Tick haben Sie?

Warum so viele Lehren auf -tik enden

Wissenschaftler haben alle einen Tick, heißt es. Lassen wir es dahingestellt sein, ob dies stimmt. Verbinden wir lieber dieses kleine Wortspiel mit etwas Lehrreichem: Denn viele Lehrfächer enden mit einem -tik. Als da zum Beispiel wären:

Akustik – Lehre vom Schall
Logik – Lehre von der Folgerichtigkeit des Denkens
Dogmatik – Lehre vom christlichen Glauben
Linguistik – Lehre von der Sprache
Optik – Lehre vom Licht
Arithmetik – Lehre von den Zahlen
Chromatik – Lehre von den Farben
Mystik – Lehre vom Geheimen
Nautik – Lehre von der Seefahrt
Numismatik – Lehre von den Münzen
Agnostik – Lehre von der Nichtanerkennung einer Gottheit
Taktik – Lehre von der richtigen Anordnung und Aufstellung
Genetik – Lehre von der Vererbung

Du und Deine Versicherung

Der Mann von der Garmisch-Flensburger ist da-ha!

Für immer jung

Wannst Vertraun hast in di sölba,
dann brauchst ka Versicherung,
und du bleibst für immer jung.

André Heller/Wolfgang Ambros

*

Hier werden einige Begriffe aus dem Bereich der Versicherung unter die Lupe genommen. Seien Sie versichert, daß bei diesem Blick das Augenzwinkern nicht zu kurz kommt. Gerade weil dieses Thema ansonsten eher zu den trockenen und ernsten gehört.

*

Agent

(lateinisch: lebhaft)

So heißt unter anderem der selbständig arbeitende Versicherungsvermittler, der natürlich „lebhaft" Verträge unters Volk bringen muß, um gut zu leben. Ist es Zufall, daß auch Spione bisweilen diesen Namen tragen? Sie wissen ja: „Agenten sterben einsam" – jedenfalls im Film. So mancher Zeitgenosse, der eine Unterschrift unter eine Versicherungspolice geleistet hat, wünscht dieses Schicksal sicher auch dem Agenten.

Balkan-Tarif

(Versicherungsdeutsch)

Bestimmte Versicherungen belegen Ausländer im Kfz-Bereich mit höheren Prämien und begründen dies, wenn überhaupt, mit „Übersetzerservice". In Wahrheit gehen sie wohl eher davon aus, daß manche Personengruppen öfter Unfälle bauen als andere. Dreimal dürfen Sie raten, welche. So oder so: Eine Schikane ist dies meines Erachtens allemal. Siehe auch: Beamten-Tarif.

Beamten-Tarif

(Versicherungsdeutsch)

Die Versicherungen belegen Beamte in allen Bereichen mit niedrigeren Prämien und begründen dies mit einem geringeren Risiko dieser Personengruppe. In Wahrheit haben Beamte nun mal eine größere Lobby als viele andere Personengruppen. So oder so: Da kann sich jeder seinen eigenen Reim drauf machen.) Siehe auch: Balkan-Tarif.

Dynamik

(griechisch, lateinisch: Schwung, Triebkraft)

Bei einer Versicherung mit Dynamik steigen regelmäßig Beitrag und angeblich auch Versicherungssumme. Nur wenn es ans Auszahlen geht, läßt die Dynamik bei so mancher Gesellschaft schnell nach.

Erlebensfall

(Versicherungsdeutsch)

Ein echtes Erlebnis: Die Lebensversicherung wird an einen selbst ausgezahlt! Daß man das noch erleben durfte!

Gliedertaxe

(deutsch, lateinisch: Wertbeurteilung bestimmter Körperteile)

Nur bei der Versicherung weiß der Mensch, was er wirklich wert ist – vom kleinen Finger bis zum ganzen Arm. Verlieren Sie eines Ihrer Glieder, kriegen Sie dafür von Ihrer Unfallversicherung ein paar Prozente der Gesamtversicherungssumme ausbezahlt. Aber heben Sie zum Beispiel einen abgehackten Finger gut auf – man könnte ihn als Beweisstück verlangen!

Kündigung

(Versicherungsdeutsch)

Ein Begriff aus dem Bereich der Science Fiction. Wer einmal versucht, bestimmte Versicherungen zu kündigen, wird erfahren, warum. Oder können Sie auf Anhieb sagen, welche Laufzeit zum Beispiel Ihre Haftpflichtversicherung hat oder wie Sie aus Ihrer privaten Krankenversicherung herauskommen wollen?

Zusatzversicherung

(Versicherungsdeutsch)

Ähnlich wie bei vielen deutschen Autos: Die eigentliche Versicherung ist nur ein dürres Gerüst. Erst die Zusatzversicherung macht den Versicherungsschutz aus – so wie die Zusatzpakete beim Auto dieses oft erst fahrtüchtig machen.

L'Etat – c'est moi!

Daß sie der Nabel der Welt sind, denken von sich viele Politiker. Hoffentlich greifen sie da nicht zu hoch!

Was kann schöner sein auf Erden?

Vom Überfluß der Diäten
platzen dir die Taschen aus den Nähten!
Hoch, es lebe die Partei!
Frisch und fromm und steuerfrei!

Reinhard Mey

*

Was soll ich Ihnen noch über Politiker erzählen? Was die so treiben, jahraus, jahrein, läßt längst die besten Kabarettisten verblassen, weil die Wahrheit jegliche Satire immer wieder bei weitem übertrifft. Daß die Politikersprache in diesem Sumpf mühelos mithält, verwundert niemanden. Wenn Sprache etwas vertuscht – dann in diesem Metier. Und zwar quer durch alle Parteien.

*

Akzeptanz

(lateinisch: Zustimmung, positive Einstellung)

In „Herders Fremdwörterbuch" von 1969 steht der Begriff überhaupt noch nicht drin. Dabei ist er heute aus der politischen Umgangssprache kaum noch wegzudenken. Sei es die „überwältigende Akzeptanz der notwendigen Steuererhöhungen" durch den Wähler, die „beeindruckende Akzeptanz nötiger Kompromisse durch den Koalitionspartner", die „erstaunliche Akzeptanz einer breiten Öffentlichkeit für das politische Konzept dieser unserer Regierung", die vor allem deswegen erstaunlich ist, weil die Regierung ihr Konzept wieder einmal selbst nicht begriffen hat.

Amnesie

(griechisch, lateinisch: Gedächtnisschwund)

Helmut Kohl klagte bereits vor einem Untersuchungsausschuß darüber. Der frühere Verkehrsminister Friedrich Zimmermann („Old Schwurhand") litt darunter. Uwe Barschels „Ehrenwort" kostete ihn letztlich sogar das Leben. Und so manch anderer, der die hehre Politik zu seinem Lebens- und Berufsziel gemacht hat, wird ebenfalls immer dann davon ereilt, wenn es darum geht, sich vor einem Untersuchungsausschuß an etwas Unangenehmes zu erinnern. Deshalb fordere ich für alles und jeden in diesem unserem Lande: Amnestie für Amnesie!

Basis

(lateinisch: Grundlage)

Die Basis geht oft Hand in Hand mit dem Überbau. Am besten zitiere ich aus „Meyers großem Taschenlexikon", damit Sie wissen, was gemeint ist: „Begriffspaar im Marxismus zur Kennzeichnung der Wechselwirkung von soziokulturellen (Überbau)phänomenen (z. B. Recht, Bildungswesen, polit. Institutionen) und sozioökonomischen (Basis)faktoren, bei der den letztgenannten (z. B. Produktionsverhältnissen) eine primär bestimmende Rolle zugewiesen wird." Zitat Ende. Da weiß man doch wenigstens, wozu man ein paar hundert Mark für ein Lexikon ausgegeben hat. Vielleicht sollten Sie das Wort Basis eher in dem folgenden kleinen Reim verwenden:

Die Basis sprach zum Überbau:
„Mann, bist du heute wieder blau!"
Da sprach der Überbau zur Basis:
„Was is?"

(Frei nach meinem Lieblings-Satiriker Robert Gernhardt, damit es hinterher nicht wieder heißt, ich würde mir so was selber ausdenken).

Diskussion

(lateinisch: Erörterung)

Es gibt zwei Arten von taktischem Vorgehen: Entweder man diskutiert so lange über eine Sache, bis keiner mehr weiß, worum es anfangs eigentlich ging. Das nennt man dann Bundestagsdebatte oder anti-autoritäre Erziehung. Oder man verkündet lauthals: „Zu diesem Thema keine Diskussion!", um einen mißliebigen Vorschlag auf diese Weise abzuwürgen. Diese Verfahrensweise heißt Pressekonferenz oder autoritäre Erziehung.

Innovation

(lateinisch: Neuerung)

Innovative Politiker kommen an beim gemeinen Wählervolk. Sie haben immer neue Ideen, bringen die Partei, die Wirtschaft, das ganze Volk auf einen grünen Zweig. Ihre Zukunftsperspektiven werden bejubelt, ihre Wiederwahl ist gesichert. Sie sind ein Wohl fürs große Ganze. Nur schade, daß sich hierzuland weit und breit keine solchen Herrschaften ausmachen lassen.

Krypto-Kommunist
(griechisch: insgeheimer Kommunist)

Eine beliebte Beschimpfung für politisch Andersdenkende. Nachdem jedoch der Kommunismus im Laufe der letzten Zeit deutlich an Schrecken verloren hat, muß man sich etwas Neues einfallen lassen, um den politischen Gegner zu denunzieren.

Lobby
(neuhochdeutsch-englisch: Wandelhalle im Parlamentsgebäude)

Hier, so sagt das Lexikon, treffen Abgeordnete mit Wählern und Interessenten zusammen. Es handelt sich dabei um die sogenannten *Lobbyisten.* Es soll Abgeordnete geben, die sitzen nur deshalb in einem Parlament, um die Interessen bestimmter Firmen zu vertreten. Daß irgendwelches Volk sie gewählt hat, zählt in diesem Zusammenhang weniger. Wie sagte schon Reinhard Mey in Fortführung unseres Eingangsverses: „Wer gut schmiert, der gut fährt!"

Opinion-Leader
(englisch: Meinungsführer)

So nennt sich jemand, der die öffentliche Meinung zu einem ganz bestimmten Thema beeinflussen will. Solche Herrschaften schaffen es nicht selten, Minister zu werden, aus der einzigen Fähigkeit heraus, zu jedem Thema hohlschwätzige Interviews zu geben. Natürlich gibt es auch außerhalb der Politik *Opinion-Leader*, deren Meinung man sich aus ersichtlichen Gründen *gern* anschließt. Ich für meinen Teil zähle hierzu meine Frau oder meine Lektorin.

Progressiv
(lateinisch: fortschrittlich)

„Progressiv-dynamisch, mit Phantasiiiie – aber sachlich!" So hieß, Anfang der siebziger Jahre, die Schlagerzeile aus einem

Opinion-Leader

berühmten Chanson des Liedermachers Franz-Josef Degenhardt. Damals mußte man sich unbedingt progressiv geben, um „in“ zu sein, was nicht nur Degenhardt für satire-würdig hielt. Heute wird „progressiv“ mit der sogenannten „68er-Mentalität“ in Verbindung gebracht – langhaarig, langweilig, links. Der Fortschritt als Rückschritt gewissermaßen. Der vielzitierte „Marsch durch die Institutionen“ scheint demnach abgeschlossen und führte mit mehr oder weniger großen Umwegen zum Yuppie (siehe dort).

Repressive Toleranz

(lateinisch: hemmende Dichtung)

Von Soziologen und Politikern wird auf diese Weise die Duldsamkeit einer Gesellschaft umschrieben. Ende der 80er Jahre war beispielsweise im Ostblock Schluß damit: Die Hemmungen wurden nicht mehr geduldet. Die regierenden Kommunisten nannten diese Revolution schlicht *Konterrevolution* – für mich eine Perversion des Denkens! Denn, wo um alles in der Welt haben Herrschaften die Ceauşescu, Honecker, Hussein oder Schiwkow je im Interesse ihrer Völker eine Revolution gestartet?

Sophistik

(griechisch: Scheinbeweis)

In der Antike gab es geniale Redelehrer, die sogenannten Sophisten. Ihnen gelang es, durch Trugschlüsse, Halbwahrheiten und Zweideutigkeiten Scheinbeweise herzustellen, auf die das gemeine Volk nicht selten voll hereinfiel. Ähnlichkeiten mit unseren heutigen Volksvertretern, Werbestrategen und TV-Demagogen sind wohl nicht nur rein zufällig.

Basteln Sie sich eine Rede!

Wortblähungen, die Ihnen Autorität verleihen

„Keiner wird im entferntesten wissen, wovon Sie reden. Aber entscheidend ist, daß niemand wagen wird, es zuzugeben", sagt der Erfinder des folgenden Systems, ein gewisser Philip Broughton. Er hat 30 Schlüsselwörter zusammengestellt, die aneinandergereiht im Grunde genommen keinen Sinn ergeben. Aber erstens klingt das Fach-Chinesisch phantastisch. Und zweitens haben Sie jetzt ein schier unendliches Angebot an Phrasen. Ich habe das Broughton-System auf den neuesten Worthülsen-Stand gebracht und wette, daß es ab sofort jedem Polit-Neuling vom Kreistag bis zum Kanzleramt kostenlos in die Hand gedrückt wird. Übrigens: Alle Worte werden irgendwo in diesem Buch erklärt. Und nun denken Sie sich einfach eine dreistellige Zahl und los geht's! Die Zahl 234 etwa wäre eine *sublimierte Inflations-Struktur*.

0 Bilaterale	0 Psycho	0 Analyse
1 Degenerierte	1 Multi	1 Expertise
2 Sublimierte	2 Öko	2 Perspektive
3 Harmonisierende	3 Inflations	3 Konsequenz
4 Stabilisierte	4 Produktions	4 Struktur
5 Progressive	5 Techno	5 Hysterie
6 Ambivalente	6 Streß	6 Diskussion
7 Depressive	7 Alternativ	7 Maschinerie
8 Homogene	8 Bio	8 Investition
9 Spirituelle	9 Pseudo	9 Lobby

Zitate im neuen Licht

Wenn sich ein Vakuum vorfindet, tun sich absolute Herrscher mit der Legislative schwer.
„Wo nichts ist, hat der Kaiser sein Recht verloren.“

Es gibt obere Gliedmaßen, denen nachgesagt wird, daß sie der Vorteilnahme wegen gern einander reinigen.
„Eine Hand wäscht die andere.“

Je höher die Intelligenz, desto bereiter ist der Mensch, dank seiner Einsicht Zugeständnisse zu machen.
„Der Klügere gibt nach.“

Auslandsaufenthalte, verbunden mit illegaler Nahrungsaufnahme, sind abzulehnen.
„Bleibe im Lande und nähre dich redlich.“

Definitionssachen

Kollaps:
sprachliche Fehlleistung unseres Bundeskanzlers

Am Rande

Lieber resignieren
als gar nicht schreiben können!

Staatsreformen

Wenn die Hochfinanz regiert

Demokratie und *Diktatur* – diese Begriffe kennt jeder. Aber es gibt Staatsformen, die weit weniger gängig oder bekannt sind. Beispiele gefällig? Aber gern! Die *Autokratie* etwa entspricht der Diktatur. Hier herrscht ein einzelner unumschränkt. Bei der *Hiërokratie* liegt die Macht in Händen einer Priesterkaste. Die *Oligarchie* ist eine Staatsform, die durch die Macht einiger weniger bestimmt wird. Dazu gehört beispielsweise die *Aristokratie* – also die Herrschaft des Adels. Eine Abart der letzteren ist die *Plutokratie*, in der nicht der Adel, sondern die Hochfinanz herrscht (beinahe wäre ich versucht zu sagen: ganz wie bei uns). Und schließlich wäre da noch die *Theokratie*, eine geistliche Herrschaftsform, in der ein Regent als Stellvertreter Gottes gesehen wird. Diese Form war etwa im alten Ägypten oder früheren Japan angesagt.

Zwischen den Zeilen

Was Diplomaten meinen, wenn sie etwas sagen

Diplomatenjagd

Schon bricht es herein in Wald und in Flur,
das Diplomatische Korps.
Die Ritter vom Orden der Konjunktur,
zwei Generäle zuvor.

Reinhard Mey

*

Diplomatie – eine Abart der Politik – heißt, das Wesentliche zwischen den Zeilen auszusprechen. Klarer Fall, daß die Diplomatensprache etwas geschraubter daherkommt als Volkes Stimme. Bestimmte Begriffe aus diesem fürnehmen Bereich sollte jedoch jeder beherrschen.

*

Agreement

(lateinisch, englisch: Übereinkunft)

Mit einem Agreement treffen Staatsmänner eine Vereinbarung, die ihre Staaten im Grunde genommen zu nichts verpflichtet. Ein *Gentleman's Agreement* ist eine stillschweigende Übereinkunft von Herrschaften, die oft alles andere als Gentlemen sind.
Das *Agreement* sollten Sie allerdings nicht mit dem *Agrément* (französisch: Zustimmung) verwechseln. Dieses Agrément besagt nämlich, daß der betreffende Diplomat dem jeweiligen Land angenehm sei. Ist er dies nicht, kann dies für die diplomatischen Beziehungen zweier Länder ganz schön unangenehm werden.

Aide-mémoire

(französisch: Gedächtnishilfe)

Hierbei handelt es sich um eine schriftliche Gedächtnisstütze, die verhindern soll, daß ein mündlicher Vortrag später vom Verhandlungspartner entstellt wird. Auf was die Leute alles kommen!

Communiqué

(französisch: Mitteilung)

Mit einem Communiqué wird die Öffentlichkeit über diplomatische Verhandlungen oder Vertragsabschlüsse informiert. Jedenfalls tut man so, als ob. Denn so gut wie nie erfährt unsereiner, ob hinter den Kulissen die Fetzen geflogen sind oder nicht.

Corps diplomatique

(französisch: diplomatisches Corps)

So wird die Gesamtheit der Vertreter der fremden Staaten genannt. Wohl dem, der mit einem „CD"-Schild am Auto herumreisen darf. Das ist sozusagen ein Freibrief für alles: zu schnelles Fahren, Schmuggeln am Zoll, mißliebige Radfahrer jagen und so weiter. Schließlich genießt man als Diplomat im Ausland besonderen Schutz. Ich habe ein paar Freunde in Bonn, wo sich die meisten Mitglieder des Corps diplomatique aufhalten. Da gibt es vor allem von den Herrschaften bestimmter Bananenrepubliken so manche Anekdote zu hören.

Démarche

(französisch: Gangart)

Die sogenannte Politik der kleinen Schritte: Eine Démarche ist eine Teilhandlung, um ein politisches Ziel zu erreichen. Manchmal braucht es da eine ganze Menge Teilhandlungen.

Instruktionen

(lateinisch: Anweisungen)

Nicht einmal ein Diplomat kann, wenn er nicht gerade Auto fährt (siehe Corps diplomatique), machen was er will. Er muß sich an die Anweisungen seiner Regierung handeln. Und die bekommt er eben in Form solcher Instruktionen. Das ist so wie in jeder besseren Firma.

Junktim

(lateinisch: vereinigt)

In einem Junktim vereinigen sich verschiedene Verträge oder Gesetzesvorlagen. Damit es schneller geht, werden sie gekoppelt, um gemeinsam angenommen zu werden.

Memorandum

(lateinisch: Stellungnahme)

Hier handelt es sich um eine ausführliche diplomatische oder politische Note, getreu des Shakespear'schen Mottos: Viel Lärm um nichts.

Paraphierung

(griechisch, lateinisch: Unterschrift)

Wenn Staatsmänner ihr Namenskürzel unter einen Vertrag setzen, spricht man von Paraphierung. Manchmal ist der Vertrag die Tinte nicht wert, mit der er unterschrieben wurde.

Persona grata

(lateinisch: erwünschte Person)

Hierbei handelt es sich um den Normalfall. Viel süffisanter wird es, wenn eine *Persona non grata* im Spiel ist: Wenn Staaten die beleidigte Leberwurst spielen, weisen sie oft die Diplomaten desjenigen Landes aus, mit dem sie gerade im Clinch liegen. Das ist dann so eine Art „rote Karte".

Pourparlers

(französisch: Unterredung)

Dies ist die wohlfeile Umschreibung für eine Art Schattenboxen: unverbindliche diplomatische Vorbesprechungen, um erst mal die Lage zu sondieren. Wurden auf diese Weise mögliche Hindernisse aus dem Weg geräumt, kann man sich ans Eingemachte begeben.

Revirement

(französisch: Wechsel)

Wird eine neue Regierung gewählt, freuen sich deren Anhänger – auch im diplomatischen Dienst. Denn oft wechseln dann auch die Diplomaten. Wo vorher „rote" waren, kommen jetzt „schwarze" hin und umgekehrt. Bei einem erneuten Regierungswechsel heißt es dann wieder: Kommando zurück! Viel häufiger ist dieses Spielchen natürlich im innerpolitischen Bereich. Und da kommt es den Steuerzahlen auch noch um einiges teurer zu stehen.

Ricevimento

(italienisch: Empfang)

Wenn ein Diplomat einen neuen Job antritt, gibt es eine Riesen-Einstandsfete. Nur nennt sich das Ganze natürlich wesentlich vornehmer.

Signierung

(lateinisch: Unterschrift)

Jetzt wird es feierlich: Nach monate-, ja manchmal sogar jahrelangem Tauziehen ist der bilaterale (siehe dort) Vertrag zur Festlegung der Einheitsnorm der mitteleuropäischen Sardinenbüchse endlich unter Dach und Fach. Das Fernsehen ist auch da, also können sich die hohen Herren daran machen, allen zu zeigen, daß sie einen wunderschönen schwarzen Anzug besitzen und außerdem in der Lage sind, einen schwungvollen Namenszug auf Büttenpapier zu kritzeln.

Ja, so ist sie – die Ökonomie!

Was die Wirtschaft alles schafft – ein verbaler Exkurs

Das Hobellied

Da ist der allerärmste Mann
dem andern viel zu reich.
Das Schicksal setzt den Hobel an
und hobelt's beide gleich.

Ferdinand Raimund

*

Angenommen, Sie haben von Wertpapieren und sonstigen Bankgeschäften keine Ahnung: Ein Besuch an der Börse wird Ihnen dann das Gefühl geben, Sie befänden sich auf einem anderen Planeten. Ist die nächste Börse zu weit weg, genügt der Kauf eines x-beliebigen Wirtschafts-Magazins. Außer „Bahnhof", „Kofferklau'n" und „Zug fährt ab" verstehen Sie vermutlich kein einziges Wort. Dies ändert sich nun durch den Kauf dieses Buches schlagartig. Eine Garantie, daß Sie nach dem Lesen der folgenden Seiten zum großen Aktien-Gewinner werden, übernehme ich allerdings nicht.

*

Akkumulation

(lateinisch: Anhäufung)

Hier handelt es sich um einen typischen Neidbegriff. Für Karl Marx war damit die Anhäufung von Kapital durch Unternehmen gemeint, die dasselbe wiederum dem Arbeiter vorenthalten. Seine Nachfolger im real existierenden Sozialismus haben dann allerdings in der Praxis die Kapitalisten wunderbar übertroffen. Die Folgen sind bekannt.

Aktie

(lateinisch: handeln)

Dieses Wertpapier verbrieft ein Miteigentumsrecht an einer Aktiengeselslchaft. An der Börse wird darum tagtäglich großes Geschrei gemacht. Damit soll jedoch lediglich übertönt werden, daß es sich bei Aktiengeschäften nur um etwas Ähnliches handelt wie Lotto für Neureiche.

Antizyklisch

(griechisch, lateinisch: entgegen der Regel)

Wer sich antizyklisch verhält, handelt nach Ansicht vieler Wirtschaftsexperten richtig. Also: Wenn etwa alle Leute ihre Aktien verkaufen, sollten Sie kaufen. Wenn jeder das Haar kurz trägt, sollten Sie es wachsen lassen. Hoffnungslos altmodische Menschen, die nie im Trend liegen, können dies daher mit antizyklischem Verhalten begründen. Nicht selten werden sie auf diese Weise sogar zum *Opinion-Leader* (siehe dort).

Bagatellsteuern

(lateinisch, italienisch: unbedeutende Steuern)

Es gibt Steuern, die im Vergleich zu dem, was sie einbringen, viel zuviel Aufwand verursachen. Etwa Leuchtmittel-, Spielkarten- oder Salzsteuer. Daß bestimmte Politiker Steuererhö-

antizyklisch

hungen ebenfalls als Bagatelle ansehen, ist nur ein ganz persönlicher Verdacht von mir.

Boykott

(ein nach dem britischen Gutsverwalter C. C. Boycott (1832–1897) entstandener Begriff. Dieser ging rücksichtslos gegen irische Landpächter vor und mußte deshalb Irland verlassen)

In diesem Zusammenhang wären eine Menge weiterer Wort-Anleihen möglich: Ein *honeckernder* Manager ist unfähig, einen Betrieb zu führen. Ein *genschernder* Ehemann ist nie zu Hause. Von einem *möllemannenden* Vorgesetzten weiß kein Mensch, aufgrund welcher Qualifikation er seinen Job bekommen hat. Eine *wehnernde* Nachbarin keift andauernd. Ihr *süßmuthender* Kollege ist ein Spesenritter. Wer *kohlt*, hat ordentliches Sitzfleisch. Die Liste läßt sich beliebig fortsetzen.

Cash-flow

(englisch: Kassenzufluß)

Wenn Sie von Ihren Einnahmen alle Unkosten abziehen, bleibt (hoffentlich) etwas übrig. Das ist dann der Cash-flow. Sind Sie Unternehmer, wird nach diesem Rest die Struktur Ihres Ladens beurteilt. Davon hängt es ab, wie kreditwürdig Sie sind. Daß Banken sich bei solchen Einschätzungen auch mal verschätzen, ist Künstlerpech. Vor allem, wenn die Bank daran pleite geht.

Crash

(englisch: Zusammenbruch)

Der große Krach an der Börse – Kurseinbrüche, Inflation, Arbeitslosigkeit, Zusammenbruch der Wirtschaft. Berühmt geworden ist der 24. Oktober 1929, der sogenannte „Schwarze Freitag“, der zur großen Weltwirtschaftskrise führte. Kleinere „Crashes“ gibt es immer mal wieder, da die Börse ein furchtbar sensibler Laden ist, der oft auf jedes Gerücht reagiert.

Embargo

(französisch-italienisch-spanisch: Einfuhr-Sperre von Gütern, um ein anderes Land unter Druck zu setzen)

Die Taschengeldsperre für Ihren Jüngsten sollten Sie so lange aufrecht erhalten, bis die Noten wieder stimmen/das Zimmer aufgeräumt ist/er bestimmte Ausdrücke nicht mehr benutzt (Nichtzutreffendes bitte streichen). Um die Ernsthaftigkeit der Sache zu unterstreichen, sollten Sie in diesem Zusammenhang den Begriff Embargo einführen.

Hot Shot

(englisch: heißer Schuß)

Oft erweist sich derselbe als Schuß in den Ofen, handelt es sich doch hierbei um heiße Tips von Börsianern. Daß diese Ratschläge nicht selten kalter Kaffee sind, zeigt sich beim morgendlichen Blick auf die Börsenseiten der Tageszeitung. Ich kenne aber jemanden, der jemanden kennt, der von jemandem weiß, daß er aufgrund eines Hot Shots ziemlich reich geworden sei. Das ist allerdings schon wieder eine Weile her.

Illiquide

(lateinisch: unflüssig)

Man kann auch schlicht „pleite" sagen. Aber wer sich einredet, er sei „nur" illiquide, kann vielleicht nachts besser schlafen. Aber nur, wenn er kein Latein versteht. Besser wäre es natürlich, der Gläubiger verstünde keines. Dann ließe sich vielleicht die Liquidation – also die Firmenauflösung – noch ein wenig hinauszögern.

Inflation

(lateinisch: Aufschwellen)

Wer sie noch erlebt hat – in den 20er Jahren oder nach dem Zweiten Weltkrieg – spricht heute noch mit Grausen darüber, wie man das Geld damals schubkarrenweise nach Hause fuhr, nur um dort zu erfahren, daß es nicht mal mehr das Papier wert war, auf dem es gedruckt wurde. Heutzutage ist es nun weniger die *Geld*entwertung, die einen zum Wahnsinn treibt, sondern die Inflation guter und schöner Begriffe. Nicht zuletzt wurde dieses Buch geschrieben, um auf den Massenmißbrauch von Wörtern wie Bio, Öko, Alternativ, Streß und vielen mehr aufmerksam zu machen. Siehe auch: Crash.

Investition

(lateinisch: Umkehrung)

Vermutlich heißt dieser Begriff so, weil viele Investitionen das „Haben" auf Ihrem Konto in ein „Soll" umkehren. Vorwürfe, daß Sie wieder jede Menge Geld „zum Fenster hinausgeworfen haben", sollten Sie mit dem dezenten Hinweis auf „absolut sinnvolle Investitionen" niederbügeln. Das tut unsere Regierung ja schließlich auch. Natürlich können Sie auch dieses Buch als Investition ansehen. Zum Beispiel steuerlich als „Geschenk" oder „Fachbuch". Oder um jemanden umzustimmen, der wegen einer Investition sauer auf Sie ist.

Kartell

(ägyptisch, griechisch, lateinisch: Absprache von Unternehmen, sich gleich zu verhalten)

Wir ärgern uns oft über die anscheinend heimlichen Absprachen von Mineralölkonzernen, die mal wieder gleichzeitig den Benzinpreis erhöhen. Oft gelingt es dem Verbraucher jedoch, durch preisbewußtes Tanken die Firmen zum Einlenken zu bewegen. Das funktioniert übrigens auch im Privatleben. Wie oft sind sich Eltern scheinbar einig, in Erziehungsfragen hart zu bleiben. Sorgfältig vorbereitete Einzelgespräche der lieben Kleinen („Mama, wieso geht Papa schon wieder in die Kneipe?", „Papa, war Mamas neues Kleid eigentlich arg teuer?") sprengen dann in vielen Fällen das elterliche Kartell, indem sie geschickt vom Thema ablenken.

Konkurs

(lateinisch: Aufruhr)

Dazu fällt mir nur ein alter Witz ein:
Sagt der Lehrherr zu seinem Azubi im zweiten Lehrjahr: „Morgen gehen wir zum Gericht und melden Konkurs an. Damit du das auch einmal lernst."
Mit diesem Scherz habe ich meinen geistigen Bankrott erklärt. Wer ab jetzt noch weiterliest, macht sich damit zum *Konkursverwalter*.

Leasing

(englisch: pachten, mieten)

Es ist schick geworden, etwas zu leasen statt es zu kaufen – vor allem im geschäftlichen Bereich. Nachdem beim ganzen Leasingverfahren allerdings kaum jemand durchblickt, sitzt der Gewinner vermutlich auf der Leasinggeber-Seite. Leider sind Bücher noch nicht lease-bar. Manchmal sind sie nicht einmal lesbar. Dann wäre der Lesende froh, das Buch nur geleast zu haben. Aber ich fürchte, jetzt verhasple ich mich.

Produktion

(lateinisch: Herstellung)

Klingt Ihnen dieser Satz auch noch im Ohr: „Sind Sie mit der Verteilung oder Herstellung einer Ware beschäftigt?" Zack – fünf Mark ins Schweinderl. Wäre „Was bin ich?" nicht in den 50er, sondern in den 70er Jahren erfunden worden, hätte der Herr Oberstaatsanwalt Hans Sachs etwa folgendermaßen fragen müssen: „Sind Sie arbeitnehmerisch im Produktions- oder Distributionsprozeß integriert?" Im Hintergrund würde eine bizarre Kulisse blinken. Statt Jacky, dem Hund, hätte ein Computer für Erheiterung gesorgt. Und überhaupt: Für fünf Mark mimt heute keiner mehr den Quiz-Kandidaten! Ein anderer Name müßte natürlich auch her: „Alles Profession – oder was?!?" oder so ähnlich...

Supplikant

(lateinisch: Bittsteller)

Eigentlich nur ein Wort zur eigenen Beruhigung. Wer vor seinem Chef, dem Bankdirektor, oder den netten Damen und Herren der Finanz-, Arbeits- oder Sozialämter steht, der kommt sich doch besser vor, wenn er sagen kann: „Nur gut, daß ich als Supplikant da bin. Ich könnte ja auch was von denen wollen müssen...

Sagen Sie mal einen Satz mit Proportion

Das Eis kostet Proportion eine Mark.

Zitate im neuen Licht

Bei Einbruch der Dunkelheit ergreift der Phlegmatiker die Initiative.
„Am Abend wird der Faule fleißig."

Dem schnellen Erwerb von Gütern erfolgt nicht selten deren baldiger Verlust.
„Wie gewonnen, so zerronnen."

Übermäßiger Tatendrang, der nicht durch einen klaren Durchblick beherrscht wird, hat auf das Geschehen eine negative Wirkung.
„Blinder Eifer schadet nur."

Der eigentliche Herrscher unseres Planeten tritt in Form von Devisen auf.
„Geld regiert die Welt."

Die einem Edelmetall eigene farbliche Ausstrahlung eines Gegenstandes läßt nicht unbedingt auf dessen Konsistenz schließen.
„Es ist nicht alles Gold, was glänzt."

Das Leasing im privaten Bereich führt nicht selten zu psychischen Problemen auf Seiten des Leasinggebers, die durch den Leasingnehmer verursacht werden.
„Borgen macht Sorgen."

Der Zustand der Bedürftigkeit ist der beste Schulmeister für die Zwiesprache mit Gott.
„Not lehrt beten."

Wenn die Reklametrommel schlägt

Von der Macht des Werbe-Wortes

Reklame

Und weil sie so zäh und so künstlerisch
blieb, war ich ihr endlich zu Willen.
Es liegen auf meinem Frühstückstisch
nun täglich zwei Bettnässer-Pillen.

Joachim Ringelnatz

*

Wer Ihnen etwas verkaufen will, muß Sie zunächst im wahrsten Sinne des Wortes über*reden*. Das ist die Aufgabe der Werbung. Viel Lärm um nichts oder überzeugende Argumente – dies bleibt hier die Frage. Nun, es wird uns nicht gelingen, diese auf wenigen Seiten nachhaltig zu beantworten. Werfen wir daher lieber „nur" einen Blick hinter die Kulissen des Werberummels und sehen wir uns die wichtigsten Begriffe einmal näher an.

*

Agentur

(lateinisch: Stelle)

Das lateinische Wort *agens* bedeutet schlicht und einfach *handelnd*. Eine Agentur handelt und in ihr wird gehandelt. Da geht, wie es neudeutsch heißt, der Punk ab. Das gilt besonders für Werbeagenturen. Sie sind eine Art Keimzelle aller Mode-Trends. Wer dort arbeitet, sitzt am Puls der Zeit. Die Mitarbeiter einer Werbeagentur erkennt man aus Hunderten von normalen Menschen heraus. Sie sind gewissermaßen wandelnde Werbespots. Manchmal spotten sie allerdings auch jeder Beschreibung.

Headline

(englisch: Schlagzeile)

Wer spricht heute noch von einer Überschrift? Nein, die Headline muß es sein! Sie schreit uns vom Kiosk aus an: „Boris top! Steffi bäh!“ Oder: „Höhere Steuern! Wir alle arm dran!“ Kurz und schlecht: Headlines sind in dem Stil gehalten, in dem man gern mit Ausländern redet. Da sieht man, was die Schlagzeilen-Macher von ihren Lesern halten! Ich finde, daß auf diese Weise alle diskriminiert werden – in- und ausländische Leser!

Hotspur

(englisch: Hitzkopf)

Vielleicht begreifen Sie den Zusammenhang zwischen der ursprünglichen Wortbedeutung und dem, worauf sie sich bezieht. Ich nicht. Gemeint ist nämlich eine neue Form der guten alten Leuchtreklame. Da schwebt nämlich die Werbeaussage in Form eines bunten Neon-Zeppelins über der Tür des entsprechenden Unternehmens. Vielleicht soll der Kunde ja hier auf eine „heiße Spur“ geführt werden. Oder der Ladeninhaber ist ein Hitzkopf.

Image
(englisch: Bild)

Image macht den Meister. Ohne Image sind Sie ein Nichts, ein Niemand! Lieber ein schlechtes Image als gar keins. Daß man früher schlicht „Macke“ sagte, sollte Sie nicht daran hindern, endlich ein eigenes Image aufzubauen.

Individuell
(lateinisch: auf den einzelnen Menschen bezogen)

Nicht, daß dieses Wort irgendeinen tieferen Sinn hätte. Aber es füllt jede Rede, jeden Aufsatz, jedes Gutachten. Es hat einfach eine individuelle Note. Achten Sie mal heute abend aufs Werbefernsehen, wie oft Sie dieses Wort vernehmen!

Inzentiv
(lateinisch: Anreiz)

Wenn ein Dutzend gutgewandeter Herren gut gelaunt ein gutes Restaurant stürmt, dann handelt es sich hierbei um besonders gute Vertreter irgendeiner Firma. Diese Leute haben dann nämlich das große Fressen gewonnen – bei einem Prämienwettbewerb ihres Unternehmens. Dieser Anreiz für Verkäufer soll den Umsatz des Ladens steigern. Ob Provision, Reise oder gar ein Auto: In immer mehr Branchen gewinnt diese Art von Streicheleinheiten an Bedeutung. Daß letztlich der Verbraucher die Kosten trägt, muß ja eigentlich nicht mehr eigens erwähnt werden, oder?

Kreativ
(lateinisch: schöpferisch tätig)

Ärgern Sie sich, weil Sie nicht zu all diesen *Kreativen* gehören wie Maler, Dichter, Werbetexter, Modeschöpfer und ähnlichem? Keine Angst: Sie gehören dazu! Denn *schöpferisch tätig* sind Sie schon lange. Ein paar Beispiele: Jemand, der gern strickt, ist *woll-kreativ*, Freizeitsportler aller Art sind *body-kreativ*, wer gern fernsieht, ist *tele-kreativ*. Und wenn Sie – Verzeihung – eine rechte Schlafmütze sind, sind Sie schlicht und einfach *re-kreativ*.

Mailing

(amerikanisch: Post-Werbesendung)

Auch Sie gehören sicher zu den Leuten, die nichts mehr lieben als einen mit Werbung vollgestopften Briefkasten. Vor allem die schönen bunten Kleinkataloge sind es, die Freude bereiten. Da wird Ihnen die Traumreise, das neue Auto, der große Geldpreis und was weiß ich noch versprochen, wenn, ja wenn Sie kaufen, was Sie nicht brauchen. Dieses ganze Preisausschreiben-Geklappere gehört zum Handwerk. Es handelt sich um eine haarscharf kalkulierte Strategie, mit der die Firmen, die auf diese Weise werben, enormen Umsatz machen.

Marketing

(lateinisch, englisch; laut „Duden“: „Ausrichtung der Teilbereiche eines Unternehmens auf das absatzpolitische Ziel und auf die Verbesserung der Absatzmöglichkeiten“)

Ich habe diese schwammige Formulierung schon allein deshalb zitiert, um Ihnen zu sagen, daß Marketing zwar in aller Munde, aber längst nicht in aller Köpfe ist. Vielleicht könnte man es auf die Formel bringen: „Wir produzieren und bringen unter die Leute – du kaufen, capito! Wenn du kaufen, wir gutes Marketing, wenn nicht, du böser Konsument.“ Alles klar?

Medium

(lateinisch: Mitte)

Die Mehrzahl dieses Mediums – Medien genannt – fühlt sich als Mitte, als Nabel der Welt. Denn um die Weitergabe von Informationen dreht sich doch heutzutage fast alles. Ob wir nun diese Informationen brauchen oder nicht, spielt letztlich fast keine Rolle. Daß wir die meisten Informationen, die täglich auf uns einhämmern, gar nicht mehr aufnehmen können, ist ebenfalls mehr oder weniger egal. Aber wehe, wir finden noch einen, der keine 24 Fernsehprogramme, ein Dutzend Fachzeitschriften, Video, CD, Walkman, Fax, Computer, Autotelefon und weiß der Kuckuck was noch hat. So ein Mensch ist doch überhaupt nicht lebensfähig!

Product Placement

(englisch: Unterbringung eines Erzeugnisses)

Immer mehr Erzeugnisse werden untergebracht. Und wie! Warum, glauben Sie, fährt Schimanski seit Jahr und Tag diese alte französische Rostlaube? Weshalb erinnert „Miami Vice“ auffallend an das Vorabend-Werbefernsehen? Genau! In immer mehr Spielfilmen und Serien, TV-Shows und Videos haben Markenartikel wichtige Rollen übernommen. Diskret plaziert, versteht sich, aber unübersehbar. Früher nannte man dies „Schleichwerbung“, inzwischen schleicht sich die Werbebranche mit dieser Art Werbung weltweit zu zweistelligen Milliarden-Umsätzen (in Dollar, wohlgemerkt). Und die Macher dieser Filmchen gehen wohl ebenfalls kaum leer aus.

Public Relations

(amerikanisch: Öffentlichkeitsarbeit)

„Wir brauchen mehr PR!“ So lautet ein oft gehörter Stoßseufzer vieler Firmen. Genausogut könnten sie sagen: „Wir brauchen einen Sechser im Lotto!“ Der soll alles retten, aber niemand weiß, wie er zustande kommt. Bei manchen Unternehmen rettet aber nicht einmal die schönste Öffentlichkeitsarbeit etwas. Mir persönlich ist es jedenfalls völlig wurscht, ob mir die Post mit buntgestrichenen Briefkästen oder Telefonhäuschen noch sympathischer daherkommen will. Mir wäre es viel lieber, meine Briefe würden schneller an den Mann gebracht und ich könnte auch mal fix und billig tagsüber mit Ost-Berlin oder Leipzig telefonieren. Das wäre PR!

Remake

(englisch: wieder gemacht)

Ein Begriff aus der Rubrik „Original und Fälschung“. Tatsache ist: Die Originale werden immer seltener und es ist alles schon mal dagewesen. Was uns heute landauf, landab begegnet, sind Remakes. Das haben wir doch alles schon mal gehört, gesehen, gelesen – nur viel besser und origineller. Das einzig akzeptable Original der letzten 25 Jahre ist sowieso dieses Buch hier. Siehe auch: Pseudo.

Response

(englisch: Reaktion)

Sie kennen sicher die schönen Zeitschriften-Anzeigen, die mit einer Antwortkarte gekoppelt sind. Die Karte zurückgeschickt und – zack – schon gewinnt man eine Weltreise. Nun, dank dieser mit einem Code versehenen Antwortkarten weiß der Anzeigenkunde, ob es sich überhaupt gelohnt hat, in einem bestimmten Blatt zu werben. Je größer die Response, desto besser eignen sich in bestimmten Fällen *Spiegel* oder *Kleinkleckersdorfer Tagblatt* als Werbeträger. Ob Sie da so nebenbei noch eine Weltreise gewinnen, ist zweitrangig. Für das werbende Unternehmen, versteht sich. Der Reisepreis ist sowieso im erhöhten Produktpreis eingerechnet.

Scene

(englisch: Rahmen)

Entweder man ist drin in der Scene oder nicht. Wer drin ist, wird mit Bussibussi begrüßt. Wer nicht drin ist, kriegt kein Bussi, weil er gar nirgends hin eingeladen wird. Ob Sie „in“ sind, erfahren Sie an den In-Out-Listen überflüssiger Fernseh-Magazine oder den Klatsch-Kolumnen Ihrer Boulevardzeitung. Wobei Sie sich gratulieren können, wenn Sie „out“ sind. Das läßt auf einen gewissen Grad von Normalität Ihrerseits schließen.

Telefonmarketing

(werbesprachlich: Telefonverkauf)

Rrring, rrrring. Ich nehme den Hörer ab und melde mich. „Guten Tag, lieber Herr Drews, wie geht es Ihnen?“ sagt eine zuckersüße Stimme. Ich habe diese Stimme noch nie gehört und antworte nur knapp: „Danke, gut, und worum geht's?“ Die Stimme kommt zur Sache: „Wann haben Sie sich eigentlich zuletzt Gedanken über Ihre Absicherung im Krankheitsfall/ über Ihre Ersparnisse/über Ihren Dachausbau (Nichtzutreffendes bitte streichen) gemacht?“ Ich weiß jetzt: Spätestens an dieser Stelle muß ich auflegen, sonst ist die nächste halbe Stunde und eventuell viel Geld beim Teufel. Inzwischen bin ich soweit: Die Stimme kann so freundlich sein, wie sie will – ich lasse mich auf nichts mehr ein. Aber inzwischen haben diese Telefonmarketing-Terroristen einen neuen Dreh: Sie faxen mir ihren Quatsch. Aber da muß ich wenigstens kein schlechtes Gewissen haben, jemandem am Telefon das Wort abzuschneiden. Ich werfe das Fax einfach weg, jawoll!

Zitate im neuen Licht

Grafitti an Gebrauchsmöbeln und tragenden Mauern zeugt von geringer Intelligenz.
„Narrenhände beschmieren Tisch und Wände."

Die Vertagung auf den kommenden Tag ist das Privileg der Unproduktiven.
„Morgen, morgen, nur nicht heute,
sagen alle faulen Leute."

Je länger sich eine Tätigkeit hinzieht, desto qualitativ hochstehender das Resultat.
„Was lange währt, wird endlich gut."

Sagen Sie mal einen Satz mit Duden

Weißt Duden wirklich überhaupt nichts?

Jura ist nicht nur ein anderer Begriff für Kalkstein

Was der Jurist nicht weiß, was er wissen sollte

Der Rechtsanwalt ist hochverehrlich,
obwohl die Kosten oft beschwerlich

Wilhelm Busch

*

Die Sprache des Rechts ist eine komplizierte. Wer einen Gesetzestext zu lesen – genauer: zu verstehen – vermag, gehört zu den bewundernswerten Persönlichkeiten im Lande. Und – wie Wilhelm Busch schon sagte – er läßt sich dieses Wissen teuer bezahlen. Daher die Weisheit: Guter Rat ist teuer. Obwohl, auf den ersten Blick betrachtet, das eigentliche Fremdwort im Juristendeutsch gar nicht so oft vorkommt. Aber auch das Juristen-*Deutsch* ist unverständlich genug.

*

Analogie

(griechisch, lateinisch: Übereinstimmung)

Dieser Begriff aus der Logik besagt, daß Regeln aus einem bestimmten Fall auf einen ähnlichen, noch nicht geregelten übertragen werden. Liest jemand von einem Banküberfall in der Zeitung und raubt daraufhin die Zweigstelle seiner Sparkasse genau nach der Beschreibung des Reporters aus, hat er ein analoges Verbrechen begangen.

Analyse

(griechisch: Auflösung, Untersuchung)

Juristen sind analytische Köpfe. Sie müssen ihre Paragraphen im Kopf haben und jeden Fall in die dazu passende Schublade einsortieren können. Leider ist dies nicht bei jedem Fall möglich, was manche Richter zu den allerunglaublichsten Urteilen kommen läßt. Das Gegenteil von Analyse könnte daher auch der vielzitierte „gesunde Menschenverstand“ oder „Volkes Stimme“ sein. Diese ist allerdings so gesund auch wieder nicht, weil sie reichlich oft „Rübe ab“ und ähnlichen Stuß als gängige Lösung vorschlägt.

Anklagemonopol

(deutsch, griechisch, lateinisch: alleiniges Recht zur Anklage)

Wenn es darum geht, eine Straftat zu verfolgen, darf nur die Staatsanwaltschaft Anklage erheben. Ohne öffentliche Anklage rührt in Strafsachen kein Gericht einen Finger. Eine Beschwerde des Bundeskartellamtes gegenüber diesem Monopol war bis jetzt noch nicht zu vernehmen.

Deduktion

(lateinisch: Ableitung des Besonderen vom Allgemeinen)

Wenn Sie von einem allgemeinen Problem auf ein spezielles schließen, dann ist dies die deduktive Methode. Wenn zum

Beispiel das allgemeine Gebot heißt: Du sollst nicht stehlen, dann gilt das auch für Sie. Selbst dann, wenn Sie bereits am 15. des Monats total pleite sind und der Magen knurrt. Siehe auch: Induktion.

Definition

(lateinisch: Begriffsbestimmung)

Bei einer Definition wird zunächst eine Gattung aufgezeigt und dann der Artunterschied hinzugefügt. Zum Beispiel wird in § 90 des Bürgerlichen Gesetzbuches der Begriff „Sache“ dadurch bestimmt, daß dem Oberbegriff „Gegenstand“ der Artunterschied „körperlich“ hinzugefügt wird. Somit ist eine „Sache“ ein „körperlicher Gegenstand“. Ganz schön spitzfindig, gell?

Experte

(lateinisch: Gutachter)

Da dieser Begriff gesetzlich nicht geschützt ist, darf sich im Grund jeder so nennen und zu allen Fragen des täglichen Lebens seinen Senf dazu geben. Ein Sachverständiger sollte Sachverstand mitbringen, so drückt es sein Berufsname aus. Doch der einzige Bereich, in dem er dies *immer* tut, ist beim Stellen seiner Rechnung. Die anderen Bereiche werden uns in Fernseh-Talkshows auf haarsträubende Weise vorgeführt.

Forensisch

(lateinisch: das Forum betreffend)

In diesem Fall ist ein spezielles Forum gemeint, nämlich das Gericht. So ist die forensische Psychologie *der* psychologische Zweig, der sich mit der Beurteilung der Aussagen vor Gericht befaßt. Zum Beispiel kümmert man sich hier um folgende Fragen: Wie zurechnungsfähig sind bestimmte Zeugen? Wie glaubhaft sind Aussagen von Kindern? Warum hat der Staatsanwalt heute wieder miese Laune?

Induktion

(lateinisch: Ableitung des Allgemeinen vom Besonderen)

Wenn Sie von einem speziellen Problem auf die allgemeine Situation schließen, dann ist dies die induktive Methode. Wenn Sie zum Beispiel unglücklich verliebt sind, könnten Sie zu dem Schluß kommen: Kein Mensch des anderen Geschlechtes mag mich. Reichlich unzuverlässig, diese Logik, nicht wahr? Siehe auch: Deduktion.

Konsequenz

(lateinisch: Folgerichtigkeit)

Man zahlt für alles im Leben. Die kleinen Sünden, heißt es, straft der liebe Gott sofort. Manchmal möchte man allerdings meinen, daß er auch bei den großen Sünden etwas konsequenter sein könnte. Aber wäre er es, würde unser Planet mitsamt seiner menschlichen Bevölkerung längst auf den Müll der Geschichte gehören.

Legislative

(lateinisch: gesetzgebende Gewalt)

In unserem Land, man lernt das ja in der Schule, herrscht Gewaltenteilung: Neben der Legislative gibt es noch die Exekutive (Regierung und Verwaltung) und die Rechtssprechung (Judikative). Nicht zu vergessen die sogenannte vierte Gewalt, die Lokomotive.

Ordentliche Gerichtsbarkeit

(Juristendeutsch)

Eine von fünf Gerichtsbarkeiten, unter denen überraschenderweise keine unordentliche Gerichtsbarkeit ist, sondern außerdem noch die Verwaltungs-, Finanz-, Arbeits- und Sozialgerichtsbarkeit. Bei der ordentlichen Gerichtsbarkeit handelt es sich um *den* Zweig der Justiz für Zivil- und Strafsachen.

Rabulistik

Rabulistik

(lateinisch: Wortverdrehung)

Ein Rabulist versteht es ausgezeichnet, jemand anderem das Wort im Mund herumzudrehen. Da diese Gabe besonders bei Bundestagsdebatten zur Geltung kommt, hat unser Parlament einen Raben als Symbol gewählt. Der hängt überlebensgroß an der Wand des Hohen Hauses, während die Volksvertreter am Rednerpult ihre Polemiken zum besten geben. Falls Ihnen jemand sagt, dies sei doch der Bundesadler – jetzt können Sie ihn eines Besseren belehren.

Revision

(lateinisch: Wiederdurchsicht)

Es gibt Verteidiger, die legen bereits Revision ein, ehe ein Urteil gesprochen ist. Wer dieses Rechtsmittel erfunden hat, hatte sicher die Gebührenordnung der Anwaltskammer im Auge. Denn es lebt sich nicht schlecht von einer ordentlichen Berufung. Andererseits: So mancher Justizirrtum kann nur auf diese Weise ans Licht der Öffentlichkeit gerichtet werden. Wie schon der Lateiner sagt: In dubio pro reo (Siehe auch: *Latein für Angeber*, gleicher Autor, gleicher Verlag, Seite 87).

Verbalinjurie

(lateinisch: Wort-Unrecht)

Im Gegensatz zur Beleidigung durch das geschriebene Wort oder durch Gesten ist hier die regelrechte Beschimpfung gemeint. Da Sie nun ein geschriebenes Werk in Händen halten, kann ich Ihnen leider mit keinem Beispiel dienen.

Verbalinjurie

Definitionssachen

Mikrobe:
die dem Minirock vergleichbare kurze Freizeitkleidung von Richtern

Barkasse:
Beute bei einem Bankraub

Wenn Sie das kneißen, haben Sie Massel gehabt!

Aus der Gauner-Sprache

Schon seit etwa 1250 ist *Rotwelsch* bekannt – eine Sondersprache der Gauner und Nichtseßhaften. Dabei handelt es sich um eine Mischung aus dem Jiddischen, der Zigeunersprache und dem Spanischen. Letzteres geht zurück auf die Soldaten Karl V. (1500–1558), der deutscher Kaiser und zugleich spanischer König war. Übrigens, wenn Sie schmusen, etwas mies finden oder einen aus dem Henkelmann zur Brust nehmen, dann sprechen Sie rotwelsch – vermutlich, ohne dies zu wissen. Nun, ein Angeber von Welt sollte sich in allen Kreisen zu Hause fühlen. Deshalb hier zunächst ein rotwelscher Text und daran anschließend die „hochdeutsche" Übersetzung.

Rotwelsch

Der Ribling zeigte eine „Sechs". Kalle konnte seinen Massel gar nicht fassen. Er steckte das gewonnene Blech ein, zog den Windfang über, setzte den Obermann auf, schlüpfte in seine Trittlinge und machte sich auf die Socken. Die anderen achelten noch zu Ende. Was sollten sie auch anderes tun, als sich zu beschickern? „Ich hab jetzt totalen Dalles", sagte Paule. „Geseires!", knurrte Ede, „Kalle ist ein Gannef, ein Kasser."

„Du bist ein Chammer“, sagte Paule, „wir haben einfach Schlamassel gehabt.“ Ede schüttelte den Kopf. „Nee, nee, da war Schmee dabei. Kalle hat terefe gespielt.“ Ede war machulle. Denn das Kies, das ihm Kalle geganft hatte, war sein letztes. Was jetzt? Rumfutsch war das letzte, was er jetzt wollte. Aber er wußte, daß er bald wieder verschüttgehen würde ohne Heu. Der Donnergott würde es diesmal nicht so gut mit ihm meinen, das kneißte er. Da half nur noch eines: Seine Schickse mußte für ihn etwas ausbaldowern. Die war koscher. Auf die kam kein Spinatwächter. Sie war eben ein echtes Fohlen, das prima kneistete. Nachdem er diesen Entschluß gefaßt hatte, fühlte sich Ede schon lange nicht mehr so schofel. Zufrieden rieb er sich die Grifflinge.

Hochdeutsch

Der Würfel zeigte eine „Sechs“. Kalle konnte sein Glück gar nicht fassen. Er schob das gewonnene Geld ein, zog den Mantel über, setzte den Hut auf, schlüpfte in seine Schuhe und ging. Die anderen aßen noch zu Ende. Was sollten sie auch anderes tun, als sich zu betrinken? „Ich bin jetzt total pleite“, sagte Paule. „Geschwätz!“, knurrte Ede, „Kalle ist ein Dieb, ein Schwein.“ „Du bist ein Esel“, sagte Paule, „wir haben einfach Pech gehabt.“ Ede schüttelte den Kopf. „Nee, nee, da war Schwindel dabei. Kalle hat unsauber gespielt.“ Ede war fix und fertig. Denn das Geld, das ihm Kalle gestohlen hatte, war sein letztes. Was jetzt? Eine dünne Gefängnissuppe war das letzte, was er jetzt wollte. Aber er wußte, daß er bald wieder verhaftet werden würde ohne Geld. Der Amtsrichter würde es diesmal nicht so gut mit ihm meinen, das erkannte er. Da half nur noch eines: Sein Mädchen mußte für ihn etwas auskundschaften. Die war unverdächtig. Auf die kam kein Landpolizist. Sie war eben ein echtes Bauernmädchen, das prima spionierte. Nachdem er diesen Entschluß gefaßt hatte, fühlte sich Ede schon lange nicht mehr so mies. Zufrieden rieb er sich die Finger.

Zitate im neuen Licht

Die richtige Einstellung zur Moral hat denselben Stellenwert wie die kuschelige Kopfauflage des Bettes.
„Ein gutes Gewissen ist ein sanftes Ruhekissen."

Nachtruhe ist der beste Garant für die Einhaltung der Zehn Gebote.
„Wer schläft, sündigt nicht."

Wo eine günstige Konstellation gegeben ist, kann es schon mal zu einem Eigentumsdelikt kommen.
„Gelegenheit macht Diebe."

So manche Tat beinhaltet das Risiko eines dickleibigen Finales.
„Das dicke Ende kommt nach."

Falsche Aussagen erkennt man an einer Deformation der Gangwerkzeuge.
„Lügen haben kurze Beine."

Wer der Aufforderung zu einer Wanderung folgt, riskiert die gemeinsame Exekution durch den Strang.
„Mitgegangen, mitgehangen."

Es sollte vermieden werden, Aktivitäten vorzunehmen, wenn das Resultat – wäre es auf einen selbst bezogen – zu unerwünschten Ergebnissen führt.
„Was du nicht willst, das man dir tu, das füg auch keinem andern zu."

Die Verweigerung, seine Ohren ins Geschehen mit einzubeziehen, zieht die unterschiedlichsten erzieherischen Maßnahmen nach sich.
„Wer nicht hören will, muß fühlen."

Mechanik, Dynamik, Technik

Alles, was Krach macht und kompliziert ist

Fortschritt

Der kluge Mann geht seiner Zeit voraus,
der Kluge geht mit ihr auf allen Wegen,
der Schlaukopf beutet sie gehörig aus,
der Dummkopf stellt sich ihr entgegen.

Eduard von Bauernfeld, Xenien

*

Wer von Technik nichts versteht, ist nicht auf der Höhe der Zeit. Nehmen Sie nur mal eine simple Zeitschriften-Anzeige für ein Radio: „Mit 2 × 30 Watt (Sinus) Leistung, 12 FM/G AM Stationstasten, mit HCC von 18 Ampère und High-Voltage-Konzept zur dynamischen Leistungsanpassung. Dieser Receiver ist kein Kompromiß, sondern erste Wahl. High End liegt im Trend!« (Aus HifiVision 5/90, Seite 31). Hätten Sie gewußt, was gemeint ist, wenn ich es Ihnen nicht schon vorher gesagt hätte?

*

Aerodynamik

(griechisch: Wissenschaft, beziehungsweise Lehre von der Wirkung strömender Gase)

Die aerodynamische Form Ihres Autos oder Ihres Skianzuges gab vermutlich schon oftmals den Anlaß zu Bewunderungen. Doch nicht immer sind alle Formen so perfekt. Kein Grund zum Verzweifeln! Spöttern, die Ihr Nase, Ihre Haltung beim Tennis oder Ihren Bierbauch bekritteln, nehmen Sie mit der folgenden Aussage den Wind aus den Segeln: „Ihr habt ja keine Ahnung von *Aerodynamik*. Ich habe lange trainieren müssen, um diesen optimalen CW-Wert zu erreichen."

Aporie

(griechisch: Ratlosigkeit)

Ein Zustand, der mich jedesmal befällt, wenn ich irgendwelchen technischen Problemen gegenüberstehe. Jeder, der ebenfalls als technischer Blindgänger gehandelt wird, kann in Zukunft auf seine Aporie verweisen. Das macht ratlos.

Archaisch

(griechisch: altertümlich)

Wenn man Ihnen vorwirft, Ihre Mode/Ihr Auto/Ihre Ansichten seien nun wirklich das Letzte, sollten Sie darauf verweisen, ein archaischer Mensch zu sein. Das klingt vornehm und ist es irgendwie auch. Außerdem kann es manchmal auch das Letzte sein, jede Mode mitzumachen.

Axiom

(lateinisch: absolut gültige Wahrheit)

Es gibt Erkenntnisse, die müssen nicht bewiesen werden. Beispiel: A kann nicht gleichzeitig Nicht-A sein. Oder: Jede Ursache hat eine Wirkung und jede Wirkung hat eine Ursache. Oder: Dieses Buch ist lehrreich und witzig zugleich.

Aerodynamik

Cockpit

(englisch: Hahnengrube)

Wer ein langweiliges Auto fährt oder einen höchst gewöhnlichen Arbeitsplatz hat, muß nicht verzweifeln. Auch dies ist eine Frage der Definition. Machen Sie den Platz, an dem Sie sitzen, ganz einfach zum *Cockpit* und schon können Sie sich auf eine Stufe mit Piloten, Autorennfahrern oder Seebären stellen. Woher der Name „Hahnengrube" kommt, läßt sich nur mutmaßen – mag sein, daß er auf die Fahrer gemünzt ist, die am Cockpit eines Porsche oder Ferrari nicht selten ein diesem Tier ähnliches Verhalten an den Tag legen.

Digital

(lateinisch, englisch: mit den Fingern, aber auch: Ziffer)

Ein Arzt, der seine Patienten befühlt, arbeitet digital. Das ist die eine, inzwischen zweitrangige Bedeutung dieses Wortes. Die zweite, sehr viel gewichtigere, besagt, daß etwas in Form von Ziffern und somit von Stufen ausgedrückt wird. Im Gegensatz zu *analog* (griechisch, lateinisch: entsprechend). Hier erfolgt der Vorgang fließend. Ein schönes Beispiel ist die Armbanduhr: Die Digitaluhr sagt die Zeit in Ziffern, bei der Analoguhr schleichen die guten alten Zeiger nahtlos von Sekunde zu Sekunde, Minute zu Minute, Stunde zu Stunde.

Drag

(amerikanischer Slang-Ausdruck für „dragster", was soviel bedeutet wie „aufgemotztes Auto")

Einen Wagen mit der Zusatzbezeichnung GTI fährt doch heute beinahe jeder. Wenn Sie schon das Bedürfnis haben, ans Heck ihres fahrbaren Untersatzes einen imposanten Zusatz zu pinnen, wählen Sie doch die Bezeichnung *Drag*! Ein Trabbi „Drag" wäre demnach ein Trabant mit einem Turnschuh im Kofferraum. Und ein Manta „Drag" – na ja, das wäre der Manta schlechthin.

archaisch

Beispiel: Treffen sich zwei Manta-Fahrer. Sagt der eine: „Ich habe mir jetzt einen Duden gekauft.“ „Und?“ fragt der andere, „hast du ihn schon eingebaut?“ – Sehen Sie: Das ist ein Manta „Drag“!

Helikopter

(griechisch, lateinisch: Spiralflügel)

Daß es sich hierbei um einen Hubschrauber handelt, weiß jeder Mensch. Gelingt es Ihnen jedoch einmal, in einem Fachgespräch einzuflechten, daß Sie gerade den Spiralflügel-Pilotenschein machen, wird Ihr Ansehen als Angeber ins Unermeßliche steigen.

Input – Output

(englisch: Zuführung – Ergebnis)

Klarer Fall: Nur, wenn man was eingibt, kommt auch was raus. Doch dies läßt sich natürlich wesentlich eleganter ausdrücken. Wo beispielsweise können Sie bei einem Input von nicht einmal zwei Mark auf einen Output von mehr als einer Million Mark kommen? Genau, beim Lotto! Auch bei einem geringen Arbeits-Input kann, wenn man es geschickt anstellt, ein ordentlicher Verdienst-Output herauskommen. Meistens ist es jedoch umgekehrt, wie ich Ihnen aus leidvoller Erfahrung gerne bestätige.

Know how

(englisch: gewußt wie)

Geben Sie nie zu, von etwas keinen blassen Dunst zu haben. Das beschädigt nur Ihr Image (siehe dort). Bestenfalls sollten Sie darauf verweisen, daß Ihr Know how in einem bestimmten Bereich noch nicht auf dem neuesten Stand der Wissenschaft ist. Oder noch besser: daß die Wissenschaft Ihrem Know how nicht folgen kann.

Potemkinsche Dörfer

(russisch)

Der russische Fürst Gregor Alexandrowitsch Potemkin (sprich: Patjomkin) war ein Günstling der russischen Kaiserin Katharina II. Auf einer Reise durch sein Ländle soll er ihr aus der Ferne prächtige Dörfer gezeigt haben, die in Wirklichkeit nichts anderes waren als Theaterdekorationen. Unklar ist, ob diese Anekdote wirklich stimmt. Klar ist, daß die Potemkinschen Dörfer in der Realität immer mehr zunehmen: Trugbilder, die Unangenehmes verschleiern und Pracht vortäuschen. Wie es dahinter aussieht, geht niemanden etwas an.

Provisorium

(lateinisch: Übergangslösung)

Die Erfahrung lehrt, daß nichts länger hält als ein Provisorium. Das Provisorium „Bundesrepublik Deutschland“ hatte nahezu 40 Jahre Bestand. Und so manche provisorische Lösung erweist sich als erstaunlich robust. Da sie oftmals auch billiger ist als eine neue, endgültige Lösung, verzichtet man behördlicherseits nicht selten auf letztere gern. Sehr zum Ärger derjenigen, die mit dem Provisorium leben müssen.

Provisorium

Zitate im neuen Licht

Die vertikale Erscheinungsweise einer Sache ist mit einem Bonus behaftet.
„Alles Gute kommt von oben“.

Die Hintanstellung einer Aktion muß nicht unbedingt darauf hinauslaufen, daß die Sache vom Tisch ist.
„Aufgeschoben ist nicht aufgehoben.“

Ein Oberbekleidungsstück, das in der Regel über der Unterwäsche getragen und zugeknöpft wird, ist höher einzustufen als ein Beinkleid, das ausschließlich von Damen getragen wird.
„Das Hemd liegt einem näher als der Rock.“

Der Erwerb von Mode in besseren Boutiquen steigert das Ansehen derer, die sie tragen.
„Kleider machen Leute.“

Definitionssachen

Lichtjahr:
Stromrechnung für zwölf Monate

Vaseline:
modernes Design für Blumengefäß

Am Rande

Lieber Video als nie Deo!

Warum denn gleich in die Luft gehen...

Kleines Fliegerlatein

Leute, die öfter das Flugzeug benutzen, wissen, worum es geht: Sie fliegen *Economy Class, Business Class* und wenn sie ganz besonders reich oder berühmt sind, *Senator Class*. Gewartet wird auf den Abflug in der dazugehörigen *Lounge*. Über dies alles, lieber Nichtflieger, müssen Sie nicht neidisch werden. Denn es heißt weiter nichts, als daß man erster, zweiter oder Touristenklasse reist und in einem etwas besseren Wartesaal Platz nehmen darf.
Trotzdem: Auch als Nicht-Flieger und Bahn-Pendler sollten Sie sich diese Begriffe zu eigen machen: Nennen sie beispielsweise die harte Wartebank auf dem Bahnhof *Wood Lounge* oder *Metal Lounge*! In jedem Fall ist es wichtig *einzuchecken*, sprich: eine Fahrkarte zu lösen. Auf größeren Flughäfen heißt dieser Ort übrigens *Abfertigungsinsel*. An Ihrem Bahnhof könnte die Bundesbahn den Fahrkartenschalter beispielsweise zum *Tikket Center* hochstilisieren.
Sollten Sie schließlich im Sechser-Coupé der Bundesbahn einen Sitzplatz ergattert haben, fahren Sie *Top-Six-Class*. Der Großraumwagen hingegen empfiehlt sich als *Communication Driving Center*. Wer sein Leben in vollen Zügen stehend genießen muß, tut dies dann eben *Standing Class*.
Übrigens: Sollten Sie kurz vor der Abfahrt am Bahnhofs-Kiosk (*Station Snack Pool*) noch Appetit auf ein paar heiße Würstl haben: Als *Quick-Diner* schmeckt's viel besser! *First Class* natürlich. Aber aufpassen: Wenn es pressiert, sollten Sie die Würstchen besser nicht in Ihre Aktentasche – Verzeihung *Pilot-Case* – stecken. Das gibt Fettflecken!

Radio-Schläng

Von Bobbies und Jingles

Radiohören ist wieder in. Private Radiostationen schießen wie Pilze aus dem Boden. Klar, daß ein derart von der Technik beherrschtes Fach auch eine eigene Sprache kennt, zumal Privatrundfunk seinen Ursprung – wo auch sonst? – in Amerika hat. Das merkt man natürlich auch an der Sprache. Hier ein paar der merkwürdigsten Sprachschöpfungen aus dem Bereich Radio.

Ein *Bobby* ist für den Rundfunk-Profi weder ein männlicher Vorname noch ein Polizist in New York, sondern das runde Metallstück, um das ein Tonband gespult wird.

Burn out nennen Rundfunk-Profis Hits, die Tag und Nacht im Radio dudeln, bis sie kein Mensch mehr hören mag – also bis sie „ausgebrannt“ sind. Dann kommen sie ins Archiv, bis sie heißbegehrte „Oldies“ werden.

CHR lautet die Abkürzung für „Contemporary Hit Radio“. Das ist, wörtlich übersetzt, zeitgenössisches Schlag-Radio, auf das vor allem junge Leute stehen. Ältere Herrschaften empfinden diese lärmenden Sender mit ihrer „Negermusik“ eher als Nervensägen, weswegen CHR auch das Sägegeräusch andeuten könnte.

Clock ist der Beweis dafür, daß Radio nichts Zufälliges ist. Im Gegenteil: Die sogenannte „Clock“, auch Musikuhr genannt, legt fast auf die Minute genau fest, wann Musik, Werbung oder Wortbeiträge stattzufinden haben. Dies gilt vor allem für sogenannte „Autofahrer-Programme“ wie „Bayern 3“ und private Sender.

Format, auch wenn längst nicht jeder Radio-Sender eins hat – er tut jedenfalls so. Da gibt es das bereits angesprochene CHR, dann gibt es Adult Radio (das „Erwachsenen-Radio“ ist das

„Oldie"-Programm für unsereins), Sports, Religious, News & Talk und andere. Noch fehlt mir allerdings das Ernst-Mosch-Oberkrainer-Heino-Format.

Jingle hat nichts mit dem weihnachtlichen „Jingle Bells" zu tun. Allerdings: Eine Art Glockengeläut ist trotzdem mit diesem Begriff gemeint, nämlich die „typische" Senderkennung. Wenn ein lieblicher Damenchor „Komm gut heim mit Radio freies Friesland" wispert oder ein „cooler" Typ „Räidio Schwachsinn – Yuhr Stäischen!" krächzt: Das ist dann ein Jingle!

Musicbed wird nicht eine mit Schallplatten gefüllte Matratze genannt, sondern ein instrumentaler Musiktitel, zu dem der Moderator beispielsweise den allseits beliebten Alpenstraßen- oder Pollenflug-Bericht verliest.

Selector heißt ein Computer, der bei einer immer größer werdenden Anzahl von Sendern die gesamte Musik zusammenstellt. Ja, genau: Die Musik, die sie im Radio hören, stammt von einer seelenlosen Maschine! Jetzt haben wir endlich einen Verantwortlichen für das schlechte Programm! Aber wer feuert schon Computer?

Show-Prep kommt im richtigen Leben nur selten vor. Denn so nennt sich die Sendungsvorbereitung des Moderators. Er muß nicht nur wissen, welche Musiktitel er laut Selector zu spielen hat. Er sollte sich auch überlegen, welche Gags er wo einstreut. Viele Moderatoren kommen übrigens seit Jahren mit ein und demselben Gag aus. Und verdienen damit Hunderttausende...

Sponsoring wird eine Werbeform genannt, die nicht nur beim Sport und im Fernsehen, sondern auch im Privatradio zunehmend an Beliebtheit gewinnt. Das klingt dann so: „Diesen Wetterbericht widmete Ihnen heute das Farbenhaus Huber". Oder: „Der Verkehrsservice mit den neuesten Staumeldungen aus Kleinkleckersdorf – präsentiert von Ihrer Sparkasse".

Tune-out-factor heißt der Umstand, der die Hörer dazu veranlaßt, sich einen anderen Sender zu suchen: zum Beispiel langweilige Musik, lispelnde Moderatoren, lästige Werbung. Es gibt manche Sender, die haben keinen Tune-out-factor, die *sind* einer...

Computersprache

Damit Sie mit dem Rest der Menschheit kompatibel bleiben

Die Wüste lebt

Nach vielen tausend Jahren hat
die Erde nun den Menschen satt.
Sie gibt die Atmosphäre auf
und schaltet die Computer aus.

Peter Schilling

*

Zugegeben: Auch dieses Buch ist mit Hilfe des Computers entstanden. Sonst wäre es vermutlich heute noch nicht fertig. Noch mal zugegeben: Obwohl mir der Umgang mit diesem Kasten Spaß macht, ist er mir auch doch unheimlich, weil ich im Grunde genommen keine Ahnung habe, wie und warum er funktioniert. Und jeder, der an so einem Ding arbeitet, wird (hoffentlich) gestehen, daß er es genauso kennt – dieses Gefühl zwischen Spieltrieb und Abhängigkeit. Daß ein so technisches Kasterl natürlich jede Menge Fremdwörter nach sich zieht, freut mich besonders. Beschert es doch diesem Buch ein weiteres Kapitel.

*

Betriebssystem

(Computerdeutsch)

Dieses System sorgt dafür, daß der Computer einwandfrei läuft. Es überwacht und kontrolliert sowohl Hard- als auch Software (siehe dort) und ist somit eine Art Computer-Herz.

Byte

(Kunstwort)

Ohne Bytes geht im Computer gar nichts. Ein Byte umfaßt acht *Bits* (englische Abkürzung; binary digit – binäre, also aus zwei Teilen bestehende Einheit). Diese beiden Einheiten im Computer sind 0 und 1. Etwas anderes kennt der Computer nicht. Für ihn stellt sich immer nur die Alternative: An oder Aus – wie bei einem Lichtschalter. So einfach ist das Ganze! Die Ziffer 5 zum Beispiel sieht als Byte folgendermaßen aus: 1111 0101.

Computer

(lateinisch: zusammenrechnen)

So heißt das Ding, das unser Leben bestimmt, weswegen wir bekanntlich auch im Computer-Zeitalter leben. Eigentlich wurde es dazu erschaffen, daß es unser Gehirn unterstützt. Leider tritt in vielen Fällen das Gegenteil ein: Im blinden Vertrauen auf den Computer haben wir nicht selten das Gehirn völlig abgeschaltet. Und wenn mal etwas Gespeichertes verlorengeht, sind wir total hilflos (siehe: Diskette!).

Cursor

(englisch: schieben)

Der springende Punkt auf dem Bildschirm. Er fordert den Schreibenden auf: „Hier gehört ein Buchstabe hin, dalli dalli!“ Die Frage ist nur: welcher Buchstabe? Und das Tag für Tag! Cursor, ich hasse dich!

Diskette

(griechisch, lateinisch, französisch: Scheibe)

Für sie hat sich auch der schöne neudeutsche Name *Floppy Disk* eingebürgert. Der Grund ist klar: Sie haben einen Text auf Diskette gespeichert und anschließend von der Computer-Festplatte gelöscht. Einige Wochen später brauchen Sie diesen Text dringend wieder. Sie schieben die Diskette ein – und hören beim Einlesen ein übles Kratzen. Auf dem Bildschirm tauchen Worte auf wie „Diskettenfehler", „Sektorfehler", „Datei nicht gefunden" und ähnliches. Ein echter Flopp also – daher die Bezeichnung „Floppy Disk"! Mein Tip: Floppen Sie in so einem Fall nicht sich, sondern die Diskette zum Fenster hinaus!

EDV

(elektronische Datenverarbeitung)

Der Oberbegriff für alles, was im Computer passiert. Und das Wunderbare daran: Jeder menschliche Fehler kann auf die EDV geschoben werden! War Ihr Gehalt zu spät auf dem Konto? Die EDV war schuld. Hat man Ihnen etwas geschickt, was Sie gar nicht bestellt haben? Immer diese EDV! Wurden Sie aus Versehen gar für tot erklärt? Sie wissen schon: EDV!

Hacker

(englisch: Zerkleinerer)

Auch Knacker würde passen. Denn diese Personen schaffen es, Zugriff auf andere Computer zu bekommen und auf diese Weise nicht selten geheime Daten zu „knacken". Der Tag ist nicht mehr fern, an dem Hacker die Weltherrschaft an sich reißen. Der Schaden durch Computer-Kriminalität geht bereits in die Milliarden. Ich persönlich wäre schon froh, wenn ich durch Hacken meinen Verlag dazu bringen könnte, mir ein paar tausend Mark mehr zu überweisen. Monatlich, versteht sich.

Hacker

Hardware

(englisch: harte Ware)

Sie ist die technische Seite der Datenverarbeitung – also der Computer und die daran angeschlossenen Geräte wie Drucker oder Bildschirm. In Amerika wurden Eisenwaren-Läden als „Hardware-Shops“ bezeichnet. Computerprogramme, Tastatur und Papier, auf dem Sie etwas ausdrucken, werden hingegen als *Software* bezeichnet – also alles, was nicht unbedingt Bestandteil der Maschine ist. Auf den Menschen übertragen: Der Körper ist Hardware, der Geist Software. So ungefähr jedenfalls.

Kompatibel

(lateinisch: zusammenpassend)

Bestimmte Programme laufen nur auf bestimmten Computern. Manche Drucker funktionieren ebenfalls nur mit bestimmten Geräten – die sind dann kompatibel. Aber weil die Hersteller festgestellt haben, daß sich auf diese Weise sehr viel Geld verdienen läßt, ist es mit der Kompatibilität nicht weit her. Denn alle paar naselang kommt ein neues Modell heraus, auf dem mit Sicherheit die Programme des alten nicht mehr laufen. Apropos: Wir Menschen sind anscheinend ebenfalls nicht untereinander kompatibel. Wie sagt sinngemäß Loriot in seinem Film „Papa ante portas“: „Mann und Frau sind eigentlich nicht füreinander gedacht.“

Maus

(Computerdeutsch)

Dieser phantasievolle Name steht für ein kleines Kästchen, das per Kabel mit dem Computer verbunden ist. Fahren Sie mit der Maus über den Tisch, bewegt sich auf dem Bildschirm der Cursor. Drücken Sie eine Taste auf der Maus, wird der entsprechende Befehl ausgeführt. Bald wird mit Hilfe von Maus und Symbolen jedes erdenkliche Programm benutzt werden können, was das Lesenlernen überflüssig macht. Natürlich nur, sofern das Programm kompatibel (siehe dort) ist. Wenn nicht, sitzt der Anwender in der Mausefalle.

Operator

(lateinisch: Verrichter)

Erst kommt jemand, der dem Computer ein Programm eingibt, das ist der *Programmierer* (siehe auch: Programmiersprachen). Aber so ein Computer ist ein Dussel und tut nichts ohne Befehl. Er will bedient werden. Und dieser Bediener heißt Operator. Er ist zu vergleichen mit dem Autofahrer. Ein Auto fährt ja auch nicht von allein, außer meines.

Programmiersprachen

(Computerdeutsch)

So ein Computer will gefüttert werden. Sonst tut sich gar nichts. Aber das ist wie beim Auto: Da haben Sie die Wahl zwischen Diesel, Super, Super plus, Bleifrei und so weiter. Beim Computer heißen die Programmiersprachen zum Beispiel Basic, Pascal, RPG, Fortran oder C. Über tausend soll es geben, zählt man auch die Varianten und Abarten zusammen. Daß die meisten *nicht* kompatibel sind, muß ja wohl nicht eigens erwähnt werden.

RAM

(englisch: Abkürzung für Randam Access Memory, wahlfreier Zugriffsspeicher)

So heißt Ihr Arbeitsspeicher, in den Sie hineinschreiben und aus dem Sie herauslesen können. Die RAM-Größe ist für die Computer-Kapazität sehr wichtig. Je mehr RAM, desto schneller und komfortabler arbeitet das Gerät.
Der Gegensatz dazu ist ROM (Abkürzung für Read Only Memory). Dies ist ein Speicher, dessen Inhalt fest vorgegeben

ist und nicht verändert werden kann. ROM nimmt einen Teil des Betriebssystems ein.

Rechner
(Computerdeutsch)

Überraschend simple Bezeichnung für eines der wichtigsten Teile des Computers. Der Rechner führt nämlich die Programme aus. Inzwischen wird Rechner längst als Synonym für Computer akzeptiert.

Reset
(englisch: zurücksetzen)

Die Reset-Taste läßt den Computer wieder von vorn anfangen, wenn er mal „abgestürzt" ist, ohne daß das Gerät neu eingeschaltet werden muß. Ach, hätten wir Menschen doch auch eine solche Taste, zum Beispiel nach einer durchzechten Nacht.

Resident
(englisch: verweilend)

So heißt ein Programm, das immer „im Hintergrund" da ist, nachdem es einmal eingespeichert wurde. Man kann es dann nach Bedarf aufrufen. Im menschlichen Gehirn fehlt leider dieses Programm häufig. Man spricht dann von „Gedächtnisschwund".

Silicon Valley

ist der Name einer Landschaft, 60 Kilometer südöstlich von San Francisco/Kalifornien. Hier haben die wichtigsten Elektronikfirmen der Welt ihren Standort. Wo einst Ackerbau und Viehzucht betrieben wurden, schlägt heute das Herz der Computerbranche. Für Freaks dürfte es keinen schöneren Platz auf der Welt geben. Für alle, die mit Computern nichts am Hut haben, ist dieses Tal hingegen das Ende der Welt.

Update

(englisch: aufdatieren)

Ein kluger Schachzug der Industrie: Das Update eines Programms bedeutet eine neuere Version. Das heißt aber nicht, daß sie besser sein muß. Aber was ein Computerfreak ist, der muß natürlich auf dem neuesten Stand sein. Auch andere Branchen haben ihr Update: Ob Autos, HIFI, Sport, Bekleidung – „in“ muß man sein. Und wehe, einer macht den Blödsinn nicht mit!

Athleten, Ästheten, Proleten

Ist Sport Mord – oder was?

Der Champion

Sieg, Niederlage oder Tod
nur die drei Chancen kennt dein Spiel
auf eine davon rast du zu
in Richtung Ziel!

Udo Jürgens

*

Power und Action bringen Satisfaction. Das weiß nicht nur der Sportsfreund. Wie man die schönste Nebensache der Welt sprachlich in Weltrekordnähe bringen kann, zeigt dieses Kapitel. Spastomotorische Koordinationsdilettanten (Nichtsportler) kommen hier allerdings weniger auf ihre Kosten.

*

Allkategorie

(lateinisch: Gewichtsklasse im Judo ohne jede Gewichtsbeschränkung)

Herrschaften, die zwei Zentner und mehr auf die Waage bringen, sind absolut nicht zu beneiden. Schmeicheln Sie ihnen, indem Sie sagen: „Ihre *Allkategorie* ist wirklich bewundernswert." Mit diesem Begriff läßt sich natürlich jeder Übergewichtssituation entkommen: „Ich bin nicht zu dick, ich bin für meine Allkategorie nur 40 cm zu klein!"

Asphyktisch

(griechisch, lateinisch: atemlos)

Kaum ist das Fußballspiel zu Ende, der 10 000-Meter-Lauf absolviert, die Ski-Abfahrtsstrecke bewältigt, zerren die rasenden Fernsehreporter den armen Athleten vor Kamera und Mikrophon und stellen immer dieselben depperten Fragen: „Sie haben gewonnen! Was sagen Sie dazu?" Oder: „Wie fühlen Sie sich jetzt?" Die einzige Antwort: ein asphyktisches Röcheln, das dann ungefährt so klingt: „Ich danke – keuch – meinem Trainer, meiner – keuch – Familie, dem Publikum und – keuch – allen Fernsehzuschauern." Und wir sind glücklich, dabeigewesen zu sein. Nicht beim Wettkampf, neiiiin – bei diesem weltbewegenden Interview!

Kakidrose

(griechisch, lateinisch: übelriechender Schweiß)

Sie leiden unter Transpiration? Nutzen Sie diesen an sich unangenehmen Zustand! Ihr Gegner wird total verunsichert (und vielleicht sogar ohnmächtig), wenn Sie ihm schweißtriefend und -riechend gegenüberstehen. Das Geheimnis Ihres Sieges können Sie dann in das geheimnisvolle und weitgehend unbekannte Wort kleiden: „Kakidrose muß man haben, mein Lieber!"

Kakidrose

Motorik

(lateinisch: Summe der Bewegungen)

„Mein Kind ist ein Zappelphilipp!" Diese vielgehörte elterliche Klage ist „out". Heute spricht man von der *Hyper-Motorik.* Ein *spasto-motorischer Koordinations-Dilettant* ist hingegen ein Tollpatsch, ein *kufen- und rotationsmotorischer, sich zur Musik bewegender Sportler* heißt schlicht Eiskunstläufer. Pech, wenn es sich um ein- und dieselbe Person handelt. Das gibt nämlich jede Menge blaue Flecken.

Skala

(lateinisch, italienisch: Treppe, Leiter)

Sie können Ihren Nachbarn zur Linken nicht leiden? Aber Ihren Nachbarn zur Rechten noch weniger? Ihr Arbeitskollege A ist um einiges vertrottelter als Ihr Kollege B? Nun, Sie sollten diesen Umstand in Ihr Leben einbeziehen! Legen Sie eine *Skala* an. Sie kennen zum Beispiel die „Richter-Skala", die Erdbeben angibt oder die „Beaufort-Skala", die in 17 Stärken für die Windgeschwindigkeit zuständig ist. Die Skala auf Ihrem Thermometer oder Ihrem Lineal ist Ihnen sowieso klar. Aber ab sofort werden Sie nicht mehr sagen: „Herr Huber ist ein Ekel!", sondern: „Herr Huber besitzt die Stärke 9,3 auf meiner nach oben offenen Meyer-Lötzenbeck-Skala." Wobei Fräulein Meyer-Lötzenbeck die ekligste all Ihrer Bekannten ist. Natürlich können sie auf diese Weise auch Ihre Kollegen, Freundinnen, Klassenkameraden, Stammtischbrüder und Parteifreunde einordnen. Natürlich dürfen Sie auch nette Menschen skala-istisch behandeln. Sie werden sehen: ein Gesellschaftsspiel mit Zukunft, bei dem alle Rekorde geschlagen werden können!

Zitate im neuen Licht

Der noch so unbequemen Beförderung mit einem wie auch immer gearteten Fahrzeug ist der Vorzug zu geben vor der Fortbewegung per pedes, selbst wenn letztere dem Ausführenden Vergnügen bereiten sollte.
„Lieber schlecht gefahren als gut gelaufen."

Der Entschluß, eine Interaktion in Angriff zu nehmen, beinhaltet bereits fünfzig Prozent des Erfolges.
„Frisch gewagt ist halb gewonnen."

Erst nach kräftiger Transpiration kann die Siegertrophäe in Empfang genommen werden.
„Ohne Schweiß kein Preis."

Ein Grautier, das sich seiner guten Konstitution zu sicher ist, läuft Gefahr, sich selbst zu überschätzen und eine Wintersportart auszuüben, von der es absolut nichts versteht.
„Wenn es dem Esel zu wohl wird, geht er aufs Eis tanzen."

Sportler unter sich

Parlez-vous le sport?

Fast jede Sportart hat ihren eigenen Slang. Um mitreden zu können, müssen Sie auch als Außenstehender gewisse Grundworte beherrschen, sonst geraten Sie hoffnungslos ins Hintertreffen. Hier – stellvertretend für viele andere – Spezialbegriffe aus drei beliebten Sportarten. Am besten, Sie lernen das Folgende auswendig – in der Hoffnung, daß Sie nie einen praktischen Nachweis Ihrer Kunst erbringen müssen.

Tennis

Insider-Sprache:

Nach einem *Serve- and Volley-Angriff* habe ich ihm eine *Backhand-Cross* um die Ohren gehauen, daß es nur so gepfiffen hat. Sein *Return* war allerdings auch nicht von schlechten Eltern. Er spielt einen gefährlichen *Topspin*, mußt du wissen, vor allem, wenn der *Longline* kommt. Seinen *Slice* kannst du allerdings vergessen.

Freie Übersetzung:

Ich habe aufgeschlagen, bin gleich vor ans Netz gerannt, um dann den Ball mit der Rückhand diagonal ins gegnerische Feld zu spielen. Der Rückschlag meines Gegners ist am gefährlichsten, wenn er überrissen und die Linie entlang gespielt wird. Unterschnittene Bälle beherrscht er hingegen weniger.

Golf

Insider-Sprache:

Vor allem beim siebten *Hole* ist das *Green* etwas heikel. Der Ball rollt leicht ins *Rough*. Außerdem hat es hier einen gemeinen *Bunker*. Da brauchst du einen guten *Sand-Wedge*.

Golf

Und trotzdem hat das Hole nur *Par Vier*! Neulich soll einer ein *Eagle* geschafft haben. Na, ich wäre schon froh über einen *Birdie*! Aber bei meinem *Maximal-Handikap* kann ich davon nur träumen!

Freie Übersetzung:

Bei der siebten Spielstrecke ist auf dem kurzgeschnittenen Rasenstück um das Loch herum schwer zu spielen, weil der Ball leicht auf den ungepflegten Rasen rollt. Unweit davon gibt es ein kniffeliges künstliches Hindernis, das nur mit einem Spezialschläger zu bewältigen ist. Und trotzdem soll dieses Loch vom Abschlag weg mit nur vier Schlägen zu schaffen sein. Neulich soll es einer sogar mit zwei Schlägen geschafft haben! Ich wäre schon froh mit drei! Aber ich darf sogar bis zu fünf Schläge mehr pro Bahn machen als die Besten.

Springreiten

Insider-Sprache:

Klar, daß für mich nur *Sa* oder *Sb*-Springprüfungen in Frage kommen! Erstens hat mein Brauner eine optimale *Bascule* und auch gegen meinen *leichten Sitz* ist nichts zu sagen. Du hättest mal sehen sollen, wie wir *Pulvermanns Grab* genommen haben! Der *Parcours* dort kommt uns total entgegen. Das richtige *Abreiten* ist alles, mein Lieber. Sonst kann der Ritt in die *Breeches* gehen!

Freie Übersetzung:

Ich reite nur bei hochklassigen internationalen Wettbewerben mit. Denn mein Pferd hat eine gute Sprunghaltung und ich entlaste durch meinen Reitstil seinen Rücken. Eines der berühmtesten Hindernisse beim Deutschen Springderby in Hamburg mögen wir besonders. Allerdings ist es wichtig, das Pferd gut auf den Wettkampf vorzubereiten, damit das Ganze nicht in die Hose geht.

Fit und vital sind wir allemal!

Ein Kapitel auf Ihre Gesundheit!

Eines von hundert Epigrammen auf Ärzte, die keine sind

Gottlob! begrub man dieses Jahr,
so häufig das Erkranken war,
Vier Kinder nur, und einen Greisen;
Denn unser Doktor ist – auf Reisen.

Johann Christoph Friedrich Haug

*

In kaum einem anderen Bereich wird so verklausuliert gesprochen wie im medizinischen. Schon allein das Mediziner-Latein mancher Ärzte ist dazu angetan, den Patienten krank zu machen. Lassen sie sich nicht davon abbringen, Ihren Doktor so lange zu löchern, bis der deutsch mit Ihnen spricht. Gelingt es Ihnen nicht, ihn zur (sprachlichen) Einsicht zu bringen – wechseln Sie den Arzt! Vorsichtshalber hier ein paar Begriffe, mit denen Sie auch als Nicht-Mediziner protzen können.

*

Ablation

(lateinisch: chirurgische Entfernung eines Körperteils; aber auch Gletscherabschmelzung)

Falls Sie jemanden für geistig minderbemittelt halten, können Sie diese Meinung relativ gefahrlos mit dem Satz ausdrücken: „Ich schätze, in deinen oberen Regionen hat eine Ablation stattgefunden." Ob es sich dabei um einen Mangel an Gehirn oder um einen Wasserkopf handelt, können Sie offenlassen. Für den Beleidigungsprozeß spielt das wohl keine Rolle.

Abulie

(lateinisch: Antriebsschwäche)

Merken Sie sich dieses Wort ab sofort, um regelmäßig wiederkehrende Anfälle von Faulheit zu umschreiben: „Meine Abulie knallt heute wieder voll rein!" (Yuppie-Deutsch)

Adipositas

(lateinisch: Fettleibigkeit von mehr als 20 Prozent)

Dicke stehen nicht unbedingt im höchsten Ansehen unserer Gesellschaft. Das läßt sich ändern! Sagen Sie einfach: „Wie finden Sie meine *Adipositas*?" Der so Befragte wird mangels Wortkenntnis antworten: „Reizend, meine Gnädigste, wirklich reizend!" Sollte Ihr Gesprächspartner wider Erwarten etwas von der Materie verstehen, können Sie ja über Ihre *Arthrose* (Verschleißerscheinung von Gelenken) oder *Arteriosklerose* (Gefäßverkalkung) klagen. Die gehen nämlich meist mit der Adipositas Hand in Hand.

Adrenalin

(lateinisch: Hormon, das im Nebennierenmark gebildet und von dort in die Blutbahn gegeben wird)

Wer regt sich heute noch auf? Natürlich jeder. Aber man spricht nicht drüber. Sagen Sie vielmehr: „Mein *Adrenalin* spielt heute wieder völlig verrückt!“ Je größer der Streß oder die Gefahr, desto höher die Adrenalinausschüttung. Die Folgen: schnellere Atmung, höherer Blutdruck und Puls. Aber regen Sie sich um Himmels willen nicht darüber auf!

Atrophie

(griechisch: Auszehrung)

Diäten sind „in“. Keine Frauenzeitschrift kommt ohne sie aus. Doch noch fehlt die „Diät für Gebildete“. Sie heißt schlicht und einfach *Atrophie-Diät.* Dies bedeutet Schrumpfung, Abnahme der Masse und letztlich auch Abmagerung. Gibt es einen Nobel-Kurort, der gern mit der Atrophie-Diät werben möchte? Nix zu futtern und zu trinken – und das für 3000 Mark die Woche! Urheberrechte bitte beim Autoren oder Verlag anmelden!

Debilität

(lateinisch: Schwäche)

Wenn es mal soweit ist, ist es sowieso zu spät. Wer an dieser Krankheit – auch als Schwachsinn bekannt – leidet, merkt es zum Glück meist selbst nicht mehr. Manche Anzeichen für Debilität treten allerdings auch bei noch relativ gesunden Personen auf – beispielsweise bei gewissen Pop-Stars, Staatsvertretern oder Buchautoren.

Degenerieren

(lateinisch: verfallen)

Es beginnt damit, daß man selbst die leichtesten Sachen vergißt oder alles verlegt, und es führt letztlich dazu, daß man auf dem Dachboden versucht, Heizöl zu hacken oder in den irren Wahn verfällt, seine Memoiren zu schreiben. Die Erfahrung lehrt, daß die wirklich interessanten Dinge hier fast immer vergessen worden sind. Siehe auch: Debilität.

Diffus

(lateinisch: zerstreut)

Wann auch immer Ihr Arzt unfähig ist, eine genaue Diagnose zu stellen, wird er von einem diffusen Krankheitsbild sprechen. Das bedeutet: Er hat keine Ahnung, was Ihnen wirklich fehlt.

Endogen

(griechisch: von innen kommend)

Wenn Ihre Krankheit im Körper selbst entstanden ist, handelt es sich um eine endogene Krankheit. Das Gegenteil ist *exogen* – von außen kommend. Die beiden Begriffe lassen sich auch gut zum Angeben verwenden. „Hier liegt ein endogenes Verhalten vor“ wäre eine hübsche Umschreibung für „selber schuld!“ Ein „exogenes Ereignis“ bedeutet hingegen „So ein Pech!“

Ex

(lateinisch: aus)

Die medizinische Abkürzung für *Exitus*. Und das ist wirklich das „Aus“ – nämlich der Tod. Ein Journalisten-Kollege in einer oberbayerischen Kleinstadt wollte einmal besonders „nah dran“ sein und schrieb in einem Bericht über einen Verkehrsunfall ungefähr folgendes: „Das Unfallopfer lag im Straßengraben. Ein Sanitäter fühlte seinen Puls, drehte sich zu den Schaulustigen um und murmelte nur: ‚Ex!‘ Es gibt journalistische Leistungen, zu denen kann man sagen: Ex und hopp!

Exstirpation

(lateinisch: Ausrottung)

So nennt der Chirurg die Entfernung eines erkrankten Teiles. Wenn nach der Operation statt des Blinddarms der linke Arm fehlt, ist die Rede von einem Kunstfehler.

Homogen

(lateinisch: gleichartig)

Die Berufsspezies der Ärzte tritt vor allem dann homogen auf, wenn es darum geht, Rechnungen zu stellen. Ihr gegenüber stehen die *heterogenen* (griechisch: uneinheitlich) Patienten. Diese Heterogenität zeigt sich an zwei Gruppen: den Kassenpatienten und den Privatpatienten. Welche Gruppe den Ärzten lieber ist, überlasse ich Ihrer Phantasie.

Komplikation

(lateinisch: Verwicklung)

Komplikationen treten in der Medizin immer mal wieder auf. So ist es für manchen Privatdozenten eine echte Komplikation, ob er dem soeben eingelieferten gut betuchten Notfall Vorrang geben soll oder der verabredeten Golfpartie.

Operation

(lateinisch: Eingriff)

Kann im Falle eines nicht ganz einwandfreien Gehörs des Arztes zu folgender Komplikation (siehe dort) führen: „Wie die *Operation* verlaufen ist? Ach, du meine Güte! Ich habe *Obduktion* verstanden!“ Was dann offensichtlich der falsche Eingriff war...

Psycho

(griechisch: die Seele betreffend)

Von der Psychoanalyse bis zum Psychothriller – die Seele gibt viel her, nicht zuletzt für diejenigen, die davon leben. In Amerika hält man sich einen Psychiater wie hierzulande einen Hund. Regisseure von Woody Allen bis Alfred Hitchcock haben dieses Psycho-Theater in wunderbaren Filmen auf den Punkt gebracht. Vermutlich hatten sie ihre jeweiligen Psychiater als Berater.

In diesem Zusammenhang eine Anmerkung zum gern gehörten Stabreim *Psychisch und physisch* (griechisch: seelisch und körperlich). Wahrlich ein Zungenbrecher. Da wird sich dann zeigen, ob das Haftmittel wirklich so gut ist wie in der Werbung angepriesen! Aber das schöne deutsche „mit Leib und Seele“ wäre ja auch zu einfach...

Sekret

(lateinisch: Absonderung)

Darüber hinaus wird auch eine vertrauliche Mitteilung so genannt. Falls Ihnen jemand etwas „ganz im Vertrauen“ erzählt, können Sie davon ausgehen, daß es sich hier um eine Intrige handelt, die abgesondert wird.

Vital

(lateinisch: lebendig)

Was für die *Kids* Begriffe wie *Power* oder *Action* sind, hat die Werbung der älteren Generation mit dem Un-Wort Vitalität zugedacht. Das Ganze erinnert mich schon beinahe an das DDR-mäßige Feierabendheim. Aber immer hübsch vital bleiben – bis hin zum Erdmöbel! Siehe auch: DDR-Sprache.

Zitate im neuen Licht

Im Kreise derjenigen, die unter den Folgen der Funktionslosigkeit des Sehnerves leiden, wird ein Zyklop als von der Natur klar bevorzugt angesehen. „Unter den Blinden ist der Einäugige König."

Die Initialisierung des Alphabets bedingt dessen konsequente Fortführung. „Wer A sagt, muß auch B sagen."

Definitionssachen:

Schizophrene:
Menschen, die nie allein sind

Apathie:
mir doch wurscht!

Gastroskopie:
Abziehbild eines Wirtes

Sagen Sie mal einen Satz mit Nivea

Es tut Nivea als wenn man sich mit dem Hammer auf den Daumen haut.

Der Mensch fängt erst beim Doktor an...

Von agr. bis theol. – was die Doktortitel bedeuten

*

„Vom Gefreiten aufwärts beginnt der Darwinismus. Aber der Mensch, der Mensch fängt erst beim Leutnant an.“ Diese Aussage des Uniformschneiders Adolf Wormser in Carl Zuckmayers deutschem Märchen „Der Hauptmann von Köpenick“ ist *so* heute nicht mehr zeitgemäß. Aber ersetzen Sie den Gefreiten durch den Abiturienten und den Leutnant durch den Doktor – dann stimmt's wieder! Falls Sie noch keinen haben: hier eine Auswahl von Doktorgraden.

*

Abkürzung	steht für	bedeutet
agr.	agronomiae	Landwirtschaft
h. c.	honoris causa	ehrenhalber
habil.	habilitatus	an einer Fakultät lehrberechtigt
ing.	Ingenieur	des technischen Wissens
jur.	iuris	Rechtswissenschaft
med.	medicinae	Medizin
med. dent.	medicinae dentariae	Zahnheilkunde
med. vet.	medicinae veterinariae	Tierheilkunde
oec.	oeconomiae	Betriebswirtschaft
oec. publ.	oeconomiae publiciae	Volkswirtschaft
pharm.	pharmacieae	Arzneikunde
phil.	philosophiae	Geisteswissenschaften

phil. nat.	philosophiae naturalis	Naturwissenschaften
rer. nat.	rerum naturalium	Naturwissenschaften
rer. oec.	rerum oeconomicarum	Wirtschaftswissenschaften
rer. pol.	rerum politicarum	Staatswissenschaften
theol.	theologiae	Theologie

Gourmet oder Gourmand?

Hauptsache, es schmeckt!

Erleuchtung

Michel! Fürchte nichts, und labe
Schon hienieden deinen Wanst;
Später liegen wir im Grabe,
wo du still verdauen kannst

Heinrich Heine

*

Eines steht fest: Wer sich in gehobener Sprache über die leiblichen Genüsse des Lebens unterhalten will, gebraucht nur selten die deutsche, sondern vor allem die französische Sprache. Der Deutsche an und für sich ist bodenständig und hat die küchenmäßigen Feinheiten erst in den letzten Jahren entdeckt. Zuvor regierten Eisbein mit Kraut, Schweinebraten mit Knödel und Eintopf unsere Teller und Töpfe. Kurz und gut: Es ist richtiggehend Pflicht, Fremdwörter einzustreuen, wenn es ums gute Essen und Trinken geht. Weil sonst nämlich niemand Sie versteht.

*

Abasie

(griechisch: psychisch bedingte Unfähigkeit zu gehen und zu stehen)

Taucht meist völlig überraschend nach einem Schlemmermahl auf. Der gebildete Mensch von heute sagt also nicht mehr: „Mensch, bin ich voll!“, sondern „Ich spüre meine Abasie – und wie!“

Fast food

(englisch: schnelles Essen)

Wird irrtümlich auch gelegentlich mit „Beinahe-Essen“ übersetzt. Was nicht stimmen kann, denn die belegten Pappdeckel, die man in Fast-Food-Restaurants aufgetischt bekommt, sind in den Augen vieler Zeitgenossen nicht einmal beinahe zum Verzehr geeignet. Da kann sich ein bekannter Showmaster noch so mit seinen Werbe-Witzchen abmühen. Vermutlich spuckt er das Zeug wieder aus, wenn die Kamera abschaltet.

Gourmet, Gourmand

(französisch: Feinschmecker, Schlemmer)

Die Kapitel-Eingangsfrage soll hier beantwortet werden. Kurz und gut: Ein Gourmet ist der Feinere von den beiden. Er ist ein Kenner von Speisen und Getränken und ißt gern ausgesucht. Das tut auch der Gourmand. Doch ihm liegt wohl mehr darum, *viel* zu speisen. Er ist sozusagen der neureiche Bruder des Gourmets. Ein Schlemmer eben – und vermutlich in der Praxis viel häufiger zu finden als der wahre Feinschmecker, dem Qualität vor Quantität geht.

Kapazität

(lateinisch: Fassungsvermögen)

Überhören Sie dezente Hinweise auf Ihr Übergewicht. Klären Sie Ihre Mitmenschen statt dessen darüber auf, daß Sie an einem biologischen Großversuch teilnehmen. Dabei werde ermittelt, welche Kapazität der menschliche Körper bei der Nahrungsaufnahme hat, ehe die Haut platzt.

Polenta
(lateinisch, italienisch)

Bitte keine Verwechslungen: Es handelt sich hier nicht um einen umgangssprachlichen Begriff für Polizei, sondern um ein italienisches Maisgericht.

Punsch
(sanskrit: fünf)

Lassen Sie sich keinen gepantschten Punsch andrehen. Ein echter muß nämlich fünf Zutaten haben: Rum oder Arrak, Tee, Wasser, Zitrone und Zucker. Auf das Wasser kann man ja zur Not verzichten...

Sublimieren
(lateinisch: verfeinern)

Der Koch/die Köchin von Welt kippt nicht einfach einen Liter Maggi in die Soße – er/sie sublimiert das Gericht durch Hinzufügen eines Hauchs von Speisewürze. So oder so: Der Mampf eignet sich ab diesem Zeitpunkt gerade noch als Unkrautvernichtungsmittel.

Zitate im neuen Licht

Die Überziehung des Maximums führt zu einer Reduzierung der Vitalität.
„Allzu viel ist ungesund."

Egoismus bei der Nahrungsaufnahme führt zu Übergewicht, das in diesem Falle allerdings erwünscht scheint.
„Selber essen macht fett."

Die Art und Weise der Nahrungsaufnahme läßt auf das Verhalten des Essenden bei anderen Tätigkeiten schließen.
„Wie du ißt, so du bist."

Nach erhöhter Nahrungszufuhr reduziert sich die Fähigkeit, geistige Arbeit zu leisten.
„Ein voller Bauch studiert nicht gern."

Gute Laune entsteht im umgekehrt proportionalen Verhältnis zur Süße.
„Sauer macht lustig."

Die Temperatur der erhitzten Nahrung differiert von der Zeit der Produktion bis zur Aufnahme durch den Menschen um einige Grad.
„Nichts wird so heiß gegessen wie es gekocht wird."

À la-la!

Damit Sie wissen, was Sie essen!

*

Was ein echter Feinschmecker ist, der spricht Französisch. Das ist nun mal so. Alles, was über den gemeinen Dickmachburger hinausgeht, wird „à la“ serviert. Das bedeutet vollständig „à la manière de – nach Art des ...“ Dank der folgenden Kenntnisse können jetzt auch Sie ohne Dolmetscher in einem Drei-Sterne-Restaurant nach Art des Angebers schlemmen!

*

à l'Africaine – gebratener Fisch mit Bananenscheiben und Teufelssoße

à l'Ancienne – nach alter Art; Fleisch mit Weißweinsoße, Pilzen, Perlzwiebeln und Petersilie

à la Béarnaise – mit Tomatenscheiben und Spargelspitzen garniertes Fleisch oder Geflügel, serviert mit Sauce Béarnaise

à la Bolognaise – mit Hackfleisch- und Tomatensoße übergossenes Gericht

à la bonne Femme – nach Hausfrauen Art; geschmorte Fleischgerichte in einem mit Champignons und Kräutern versehenen Weißweinsud

à la Chasseur – nach Jägerart; mit viel Pilzen überstreute Gerichte

à la Jardinière – auf Gärtnerinnen Art; Fleisch und Geflügel mit möglichst viel verschiedenen Gemüsesorten, die in Butter gedämpft sind

à la Lyonnaise – Fleisch mit buttergedünsteten Zwiebelscheiben und Weißweinsoße *à la Maître d'Hotel* – nach Art des Chefs; das jeweilige Spezialgericht des Hauses

à la Nicoise – Fleisch mit grünen Bohnen, Schloßkartoffeln und gedünsteten Tomaten

à l'Opéra – Fisch oder Fleisch in Weißweinsoße (man nehme am besten Madeira) mit Spargelspitzen

à la Parmentier – Gerichte, in denen Kartoffeln jeder Art verwendet werden

à la Provençale – Gerichte mit in Knoblauchöl gedünsteten Champignons und Tomaten

à la Tyrolienne – Fleischgerichte mit gedünsteten Tomaten und Zwiebelringen

à la Wellington – Fleischgerichte in Blätterteighülle

Definitionssachen

Aspik:
Spielkarte

Sagen Sie mal einen Satz mit Liberal

Ich esse liberal als Rollmops.

V. V. E. S. O. P.

Damit Sie wissen, was Sie trinken!

*

„Wat Krupp in Essen, bin ich in Trinken", sprach ein stadtbekannter Säufer (was seiner Meinung nach besser war, als ein anonymer Alkoholiker zu sein). Weil aber die Welt vornehm zugrunde geht, lernen wir auf dieser Seite das Cognac-Alphabet. Damit läßt sich vielleicht toll angeben!

*

V. O.	– very old (sehr alt)
O. P.	– old pale (alt, hell)
C. X.	– Cognac extra (besonderer Cognac)
X. O.	– extra (oder extremly) old (besonders alt)
V. S. O.	– very superior old (vorzüglich, alt)
V. V. O.	– very very old (sehr, sehr alt)
V. O. P.	– very old pale (sehr alt, hell)
S. O. P.	– superior old pale (vorzüglich alt, hell)
X. S. O.	– extra (oder extremly) superior old (besonders vorzüglich, alt)
R. D. A.	– réserve des anges (Engels-Reserve)
V. F. O. P.	– very fine old pale (sehr fein, alt, hell)
V. S. O. P.	– very superior old pale (absolut vorzüglich, alt, hell)
V. O. C. B.	– very old Champagne Brandy (sehr alter Champagne-Brand)
V. V. S. O. P.	– very very superior old pale (absolut vorzüglich, alt, hell)
V. V. E. S. O. P.	– very very extra superior old pale (ganz besonders vorzüglich, alt, hell)

Auf Ihr Wohl!

Prost-Worte aus der ganzen Welt!

*

Das Zuprosten ist ein beliebter Brauch. Lehrreiches Anschauungsmaterial wie „Dinner for one" hat uns jedoch nahegebracht, daß in anderen Ländern für „Prost" auch andere Worte gebraucht werden – etwa die allseits beliebten „Schkallll!" oder „Tschiriou, Miß Soufi!!!" Doch, o Wunder!, es gibt noch weitere „Prost"-Worte. Hier die wichtigsten:.

*

Afiyetolsun! (türkisch)
A votre santé! (französisch)
Egèszég! (ungarisch)
Geiá sas! (griechisch)
Kan pei! (chinesisch)
Maljanne! (finnisch)
Na zdorovje! (russisch)
Nazdravica! (tschechisch)
Salamat sampurgna! (indisch)
Salud! (spanisch)
Salute! (italienisch)
Salùde! (portugiesisch)
Skål (dänisch, schwedisch, norwegisch)
Ya salam! (arabisch)

Präfixe und Suffixe

Die wichtigsten Vor- und Nachsilben

*

Zum Abschluß dieses Buches schenke ich Ihnen einen Baukasten, und zwar einen, mit dem Sie sich Ihre eigenen Fremdwörter basteln können. Ich liefere Ihnen frei Haus typische Vor- und Nachsilben mit entsprechenden Beispielen. Auf diese Weise stehen Sie nie mehr fremdwortmäßig nackt da. Das entsprechende „Fix" gesucht – und schon wissen Sie, wovon die Rede ist.

*

Vorsilben

A (griechisch: ohne kein)
amoralisch, asozial, amusisch, A(n)alphabet
Ad (lateinisch: hin, zu, an)
adoptieren, Advent, A(d)ccessoires, A(d)ffront
Anti (lateinisch: gegen)
Antibabypille, antimilitaristisch
Arch(e, i) (griechisch: Ur-, Ober-)
Archetyp, Architekt
Astro (griechisch: Stern)
Astronaut, Astrologe
Auto (griechisch: selbst)
Automobil, automatisch, Autodidakt
Bi (lateinisch: zweimal)
Bizeps, Bigamie, bilateral
Biblio (griechisch: Buch)
Bibliothek, Bibliographie
Bio (griechisch: Leben)
Biologie, Biographie

Chir(o) (griechisch: Hand)
Chiropraktiker, Chirurg

De, des (lateinisch: von – weg, ent-)
Detektiv, demoralisieren, demontieren, Desinteresse, Desperado, Desillusion

Dia (griechisch: durch, hindurch)
Diapositiv, Diagramm, Dialog, diagonal

Dif, dis usw. (lateinisch: entzwei, auseinander)
Differenz, disharmonisch, disponieren

E, ex, extra (lateinisch: aus, heraus, ehemalig, außergewöhnlich)
Exklusiv, evakuieren, Elaborat, exogen, extravagant

En (lateinisch, griechisch, französisch: in, hinein)
Engagement, Enthusiasmus, E(n)mbolie, endogen

Eu (griechisch: gut, schön)
Eucharistie, Euphorie

Geo (griechisch: Erde)
Geographie, Geometrie, Geologe

Giro (griechisch, lateinisch, italienisch: Kreis, Umlauf)
Giro-Konto, Giro d'Italia

Hier(o) (griechisch: heilig)
Hierarchie, Hieroglyphen

Il, im, in usw. (lateinisch: ein, hinein)
Illusion, Import, Induktion

Il, im, in, ir usw. (lateinisch: un-, nicht)
illegitim, Imperfekt, indiskret, irrational

Infra (lateinisch: unter)
Infrastruktur, Infrarot

Inter (lateinisch: zwischen)
Intervall, Intermezzo, international

Intra, intro (lateinisch: innerhalb, hinein)
Intramuskulär, introvertiert

Ko, kol, kom, kon usw. (lateinisch: zusammen, mit)
Kooperation, Kollektiv, Kombattant, Konferenz

Met(a) (griechisch: dazwischen, nach)
Metamorphose, Metastase, Metaphysik

Mikr(o) (griechisch: klein)
Mikroskop, Mikrobe

Mon(o) (griechisch: allein, einmalig)
Monolog, Monopol, monumental
Multi (lateinisch: viel)
Multimillionär, multiplizieren
Ne(o), nov(i) (griechisch, lateinisch: neu)
Neoklassizismus, Neofaschist, Novize, Novität
Ob, of, ok, op usw. (lateinisch: auf – hin, entgegen)
objektiv, offerieren, okkult, Opposition
Per (lateinisch: durch, hindurch, völlig)
Perforation, perfekt, pervers
Phil (griechisch: Freund, Liebhaber)
Philosoph, Philharmoniker, Philanthrop
Prä, pro (lateinisch: vor, voraus)
prädestiniert, pränatal, Präposition, Produkt, Proporz, Pronomen
Re (lateinisch: zurück, wieder)
Reaktion, Rekonvaleszent, Relation, Reflex
Se (lateinisch: von – weg)
separat, Séparée, Sekret
Sub, suf, sur usw. (lateinisch: unter, unterhalb)
subaltern, Suffragette, surreal
Syn, sym usw. (griechisch: mit, gleichzeitig)
Synonym, synchron, systolisch, Sympathie
Tele (griechisch: fern, weit)
Telefon, Telepathie, Television
Therm (griechisch: Wärme)
Thermometer, Thermalbad, Thermostat
Trans (lateinisch: hindurch)
Transatlantik, Transport, Transzendenz
Ultra (lateinisch: jenseitig, über – hinaus)
ultramodern, ultraviolett, Ultrakurzwelle
Uni (lateinisch: einzig, einheitlich)
Uniform, Universität, Unikat

Nachsilben

-abel (lateinisch, französisch, englisch: es wird etwas in Erwägung gezogen)
ministrabel – jemand ist geeignet, Minister zu werden, diskutabel – etwas ist diskutierenswert

-aille (französisch: Endung weiblicher Hauptwörter, oft abschätzig gemeint)
Kanaille, Journaille, aber auch Medaille, Emaille

-ans (lateinisch: Endung von Hauptwörtern, die mit medizinischen Begriffen zu tun haben)
Stimulans, Laxans (Abführmittel)

-arch (griechisch: Endung männlicher Hauptwörter, die die Bedeutung „Herrscher“ hat)
Monarch, Patriarch

-arium (lateinisch: Endung sächlicher Hauptwörter, die auf einen Stoff oder eine Beschaffenheit hinweist)
Terrarium, Solarium, Herbarium

-eur, euse (lateinisch, französisch: Endung, die auf Beruf hinweist)
Ingenieur, Kontrolleur, Redakteur, Masseuse, Friseuse

-gramm, graph(f), graphie (griechisch: Endung, die auf etwas Schriftliches hinweist)
Monogramm, Autogramm, Telegramm, Fotograf, Geographie

-iater, iatrie (griechisch: Endung, die auf einen Arzt beziehungsweise auf Heilkunde hinweist)
Psychiater, Pädiater, Psychiatrie

-ist (griechisch, lateinisch: Endung, die einen Beruf anzeigt oder auf Anhänger eines *-ismus*, einer Lehre, hindeutet)
Jurist, Anglist, Journalist, Buddhist, Marxist

-istisch (griechisch, lateinisch: abwertende beziehungsweise auf Beruf oder Fach hinweisende Endung)
rassistisch, nationalistisch, artistisch, juristisch

-istik (lateinisch, griechisch: auf Lehre hindeutende Endung)
Anglistik, Romanistik, Logistik

-itis (griechisch: Endung mit medizinischer Bedeutung)
Gastritis, Darmatitis, Hepatitis

-izid (lateinisch: Endung, die auf Tod oder Vernichtung hindeutet)
Suizid, Herbizid, Insektizid

-loge, logie (griechisch: Endung, die auf Fachmann beziehungsweise Wissenschaft schließen läßt)
Soziologe, Graphologe, Philologe, Politologie, Biologie

-phil (griechisch: Endung, die eine Liebhaberei angibt)
anglophil, frankophil

-phobie (Endung, die Abneigung anzeigt)
Klaustrophobie, Agoraphobie

-skop (griechisch: Endung, die ein Gerät zum Sehen bezeichnet)
Horoskop, Teleskop, Mikroskop, Gastroskop (Gerät zur Magenspiegelung)

-thek (griechisch: Endung, die auf eine Sammlung hindeutet)
Videothek, Pinakothek, Diskothek, Bibliothek.

Register